人的一輩子很長，而成就其實是一步一步累積起來的。一天走一小步，持續不懈地前進，就能完成許多夢想！

李博士受母親影響甚深，她總是叮嚀他要好好做人，要尊重長輩，提攜後進。宋妙娟女士則是李博士生命中另一個重要的女人，也是他的追夢伴侶。為了一圓留學夢，他們兩人幾乎花光了所有積蓄，買下兩張前往紐約的機票，就這樣踏上了未知的旅程。抵達紐約時，他們的口袋裡只剩下五十元美金。幾年前，他們一起度過了結婚五十週年的紀念日，而這五十多年來，他們從未吵過架。

C-3
C-2
C-1
C-4
C-5

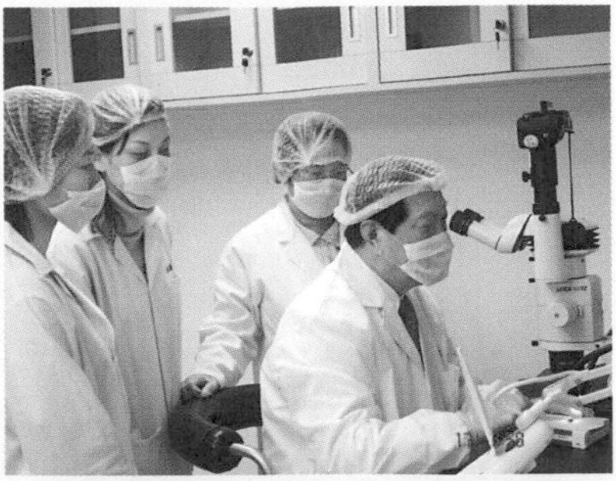

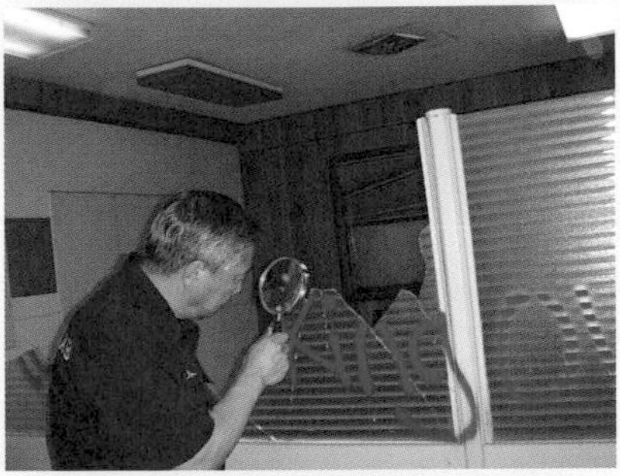

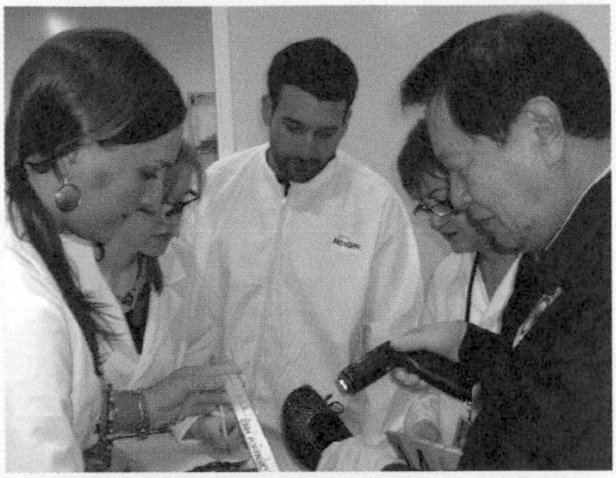

「人非草木，孰能無情」，但是在鑑識現場一定要拋開個人的情感，保持冷靜，專注於眼前的工作，並且用客觀的角度來處理問題，這是鑑識人員必經的修煉。李昌鈺博士有一套所謂的「桌腳理論」，就像在打造一張桌子，需要四支桌腳才能站得穩；同樣的，案件調查也需要四根支柱才有可能偵破，就是：現場、物證、人證以及運氣。

李昌鈺博士聞名全球，他在美國、臺灣、大陸、歐洲共出版了將近四十本書，幾十年來來自世界各地的演講邀約不斷。他最常被問到的問題就是：成功的祕訣是什麼？李博士認為，只要把自己份內的工作做好，做一個讓事情完成的人，就是成功。

「化不可能為可能」是李昌鈺博士一輩子努力在做的事情。他希望藉著他的人生經歷，鼓舞更多年輕的朋友們不斷前進：只要努力，你也能化不可能為可能！

化不可能為可能

李昌鈺的鑑識人生

李昌鈺—著

人間菩薩的行者——物證鑑識大師李昌鈺博士

佛光山開山／星雲大師

李昌鈺博士跟我是同鄉，他是江蘇如皋人，我是江蘇揚州人。他被喻為科學神探，與佛教有著深厚的因緣。

他告訴我，他的母親一生吃素拜佛，活到一百零六歲，是虔誠的佛教徒，母親勉勵他要「好好做人，好好做事」，是影響自己一生最深的人。

李博士與佛光山結緣數次，有一回是二〇〇三年國際佛光青年會議，我與他有一次的對談，他告訴所有在場的青年人：「防治犯罪的治根之道，是要有宗教信仰，從改革心靈做起。」

之後，也分別應邀到佛光山於揚州捐建的鑑真圖書館揚州講壇以及台北道場講「從因果談人生」，他表示，曾到過四十六個國家，破了八千餘宗案件，走過人生路，認為修行要靠自己，不是單靠拜佛念經就能解脫，尤其他的工作，更要本著佛教的精神，不讓無辜的人蒙冤受難。

透過新書《化不可能為可能：李昌鈺的鑑識人生》發現，李博士能被尊稱為「當代福爾摩斯」、「物證鑑識大師」、「世紀神探」、「犯罪剋星」等封號，可謂實至名歸。除了因為屢破奇案，以精湛獨到的刑事偵查與鑑識技術享譽國際，被喻為台灣走向全球的傳奇人物外，我認為他真是一位人間行者，與代表悲智願行的四大菩薩，有著許多共通之處。

好比李博士說：「案件不分大小，人不分貴賤。」是觀音菩薩聞聲救苦、有求必應的大悲心；「化不可能為可能」的辦案精神，展現了文殊菩薩勇猛的大智慧；「抽絲剝繭，與死亡為伍」，面對難以處理的案件調查，和地藏菩薩「我不入地獄，誰入地獄」的大願心是一樣的；「一天一小步，就能完成許多夢想」，就如同普賢菩薩堅毅的行願。

文中他還提到：「我今年七十六歲，至今已經退休四次，但依然一天工作十四個小時，每天行程排得滿滿的……」他為許多無辜的被害人伸張正義，覺得自己責任重大，不輕言休息，這正是實踐菩薩精神的表徵。

李昌鈺博士精進不懈，經常繞著地球走，四處演講，除了光大鑑識科學，也將一生待人處世的態度「至誠信義」、「知足常樂」、「相信因果」等人生觀傳達給社會各階層。他，可說是華人在世界上的光榮，因為有李昌鈺博士，我們華人走到世界各地，都引以為傲、引以為榮。

近年來，我因糖尿病眼底鈣化看不清楚，而少於為文寫字了，中央警察大學張維敦教授來電表示李博士即將出版新書，希望索序於我，我非常歡喜，並且樂見其成，故而為之。是為序。

星雲

二〇一四年季秋

口述於佛光山開山寮

人生跟鑑識現場一樣，只有一次

東森新聞台主播／徐俊相

身為刑案節目製作人，貼身採訪神探李昌鈺博士，一直是我夢寐以求的事情。終於，我們飛越了一萬兩千公里，來到美國康乃狄克州。

「不是都約好了嗎？到底要等到什麼時候？」我跟另一位製作人廖啟光，站在李昌鈺大樓（The Henry C. Lee Institute of Forensic Science）走廊外面，已經枯等了快一個上午，帶著攝影設備隨時準備提槍快跑前進，但我們什麼都不能做，只是等待。突然覺得，我們像是在名醫候診室的患者，等待著燈號亮起，進去看診。

「他還真像是一位超級名醫！」

這是我見到李博士的第一個印象。來自世界各地、川流不息的訪客，帶著各種疑難雜症，在明亮的玻璃門進進出出。短短兩小時當中，我看到西裝筆挺的檢察官跟律師，抱著成疊的卷宗來跟他討論案情；也看到遠從美國西岸飛來的大學副校長，帶著他懷抱ＣＳＩ夢想的十二歲孫女前來拜會偶像，當她看到這位老美口中大名鼎鼎的 Dr. Henry Lee，臉上露出了靦腆的笑容。

「他怎麼可以這麼忙碌?!」

李博士送完一批批的客人之後，終於輪到我們，沒想到他開口第一句話就是：「不是跟你們說，訪問可以早一點來？」

早上九點鐘等到中午，還不夠早嗎？原來李博士所謂的早一點，是早上七點半，而他總是第一個到辦公室開門的人，「他都不用睡覺嗎？他怎麼可以這麼有電？」我實在無法將眼前神采奕奕、精力充沛的李博士跟一般年過七十的長者聯想在一起。他可說是超級有效率的專家，自創「三二八五法則」，一天只睡四小時，一年下來就省下三千兩百八十五個小時，可以將這些時間拿來專注工作；在採訪過程中我也觀察到，他連打哈欠、在車上補眠的時候，都很專心！

「破不了的案子，找他就對了！」是世人對他的評價。

對於李博士這位傳奇人物，我研讀過不少他的資料，關於他跟中央警官學校的連結，一直是我想訪問的切入點。

訪問李博士前，我便暗自下定決心，一定要拍到在他的辦公室裡，那張傳說中的中央警官學校畢業證書。原來，它就掛在李博士座椅背後那面牆的正中央。

「很多世界各地的人想要來跟著我學習，我都盡量叫他們不要來，因為沒有時間教他們，但是中央警官學校的學生例外！他們等於是我的學弟，同時台灣也是我生長的地方。」

如今他的學生都退休了，學生的學生，都已經當教授了，只剩下他還堅守工作崗位。李博士串起的這條CSI學習絲路，成為許多懷抱著投身鑑識科學夢想的人們，一個努力追尋的目標，至今仍然吸引許多有志之士，絡繹不絕地前來朝聖。

李博士對於社會的貢獻，又何止是在鑑識工作上？他的講學足跡遍及全美各個校園，甚至海外。

赴美貼身採訪李博士期間，我跟著他到康州一所高中演講，心想七十五歲的李昌鈺爺爺，能跟十七歲的年輕人說什麼呢？

結果我錯了！李博士一開口，立刻收服全場。他告訴美國孩子，當年他跟師母只帶著五十美金來美國，過著在實驗室洗試管、在餐館洗盤子、在武術館教老美功夫的三館人生。而四十年後，他在講台上配合生動的演說，突然掏出口袋裡的幾張大鈔，台下立刻報以如雷的歡呼聲，幾乎要把屋頂掀掉！他以自己的人生經驗，鼓勵下一代，找到自己的長處，化不可能為可能！

實在很難想像，當年一位臺灣來的年輕警官，飄洋過海來到美國奮鬥，四十年後，在美國大學校園中，一棟以他為名的學院大樓成立了。

五月的康州，陽光曬不到的地方，還是很冷。站在李昌鈺大樓下，我全身起了雞皮疙瘩，不只是因為天氣寒冷，更多的是震撼和感動！

李博士曾說過一句話：「人生跟鑑識現場一樣，只有一次，一旦錯過就沒有了！」他連詮釋人生都非常CSI，讓人意猶未盡。現在，邀請你跟我一起進入李昌鈺的鑑識人生，聽他親自娓娓道來那些精采動人的故事！

望之儼然，即之也溫

國立臺灣師範大學校長／張國恩

今夏，仰慕已久的李昌鈺博士在忙碌緊湊的行程中蒞臨臺灣師大講學，並接受本校贈予的榮譽教授榮銜，師生得以近距離接觸到這位「望之儼然，即之也溫」的謙沖君子，領略大師風範，皆感獲益良多。

被譽為世界級物證鑑識及現場重建辦案專家的李博士，地位崇高，榮譽紛至沓來，他樹立的科學偵查典範與卓越事蹟，諒有弟子們記述，我自不必贅言。謹代表與我有相同感受的臺灣師大全體師生同仁，對於李博士近半世紀以來，在鑑識科學領域研究、服務及教學的全心付出及奉獻，由衷地表達感動與敬佩之意。

拜讀李博士新書《化不可能為可能：李昌鈺的鑑識人生》，我們對李博士的成長背景及奮鬥歷程有了進一步的認識。李博士幼年失怙，生活困頓，幸秉承慈母庭訓，培養了他不畏艱難，積極進取的性格。在臺灣接受養成教育後，為了實踐理想，輾轉負笈美國，成功之路艱辛異常，但憑藉著他的智慧、毅力及堅持，兼容並蓄東西方科學知識及文化的薰陶，終在異國嶄露頭角，大放異彩。

李博士在書中分享了自己的成長經驗和感觸，更有的是對過往的珍惜和感恩；對專業知識的累積和經驗的傳承；自我對未來的展望。本書記錄了他成長、學習、工作時的生活點滴；精采的辦案過程，讀之令人興味盎然。而其豐富及珍貴的人生體驗及哲理，更是耐人尋味，發人深省。

退休是人生另一段璀璨旅程的開始，更能自在坦蕩地悠遊。我們深切地體會到李博士對人生有一份美好的感情與執著，這份熱情沒有終點，促使他在退休之後仍孜孜不倦地應邀奔走於世界各地，貢獻他的睿智與長才，將他對工作認真投入的精神，溫馨關懷的處世態度傳承與發揚，以激勵後進對人生目標做更深更廣的追求與探索。

李博士體魄康健，精力充沛，演講著書不輟，本人有幸於其新書付梓之際優先拜讀，並贅數語，藉向大師致上最誠摯的祝福與恭賀之意。

爲「化不可能爲可能」立下典範

國策顧問／顏世錫

民國七十一年至七十六年我任台北市警察局長期間，曾主持過多起重大刑案的偵查工作，每因現場勘察人員對證物蒐集保存的無知與錯誤暨實驗室鑑識人員對專業知識之貧乏，而造成偵查方向上的諸多困擾，其中華南銀行搶案與北投姚兆明命案讓我印象特別深刻。因此曾數度派員赴美向當時服務於康州刑事鑑識實驗室主任的李昌鈺博士請教，每次都獲益良多。有感於科學辦案上的殷切需要，所以我在民國七十六年調任中央警官學校（中央警察大學前稱）校長的第一次行政會議上即宣佈增設「鑑識科學」與「資訊管理」兩個學系，並親自多次赴美考察美國警政制度與實務現況。

李博士曾偵辦一件轟動全美的碎木機殺妻案，涉嫌者是一個受過情報訓練的兇手，以幾近完全毀屍的手法，將屍體以租來的碎木機粉碎棄入湖底，令當地的警方束手無策。而李博士接手領導實驗室所有成員與數百位刑警，組織了十四位法醫及人體骨骼專家顧問團，克服了層層困難，在大雪紛飛的湖裡蒐尋出碎屍物證，最後收集到五十六塊骨頭碎片、兩千六百六十根被拉扯及切割過的金色頭髮、一顆牙齒、一隻假牙架及半個指頭，共約千分之一個人體物證，也重現出切割屍體的E5921616電鋸編號。雖然兇手始終不肯認罪，但最終靠著完整的科學鐵證，陪審員仍裁定兇手謀殺太太的罪名成立，被判處五十年徒刑。就在訪問李博士的期間，適逢他需為本案第二審出庭作證，我就順便到法庭列席旁聽，親眼目睹他出庭作證時舉證的細密及客觀的描述，贏得陪審團成員的一致稱許。令我感到驚喜的是主審法官龐貝特別向我致意，並介紹給採訪媒體說：「這是李博士母校的校長，感謝臺灣中央警官學校給美國培育了這麼優秀的專家。」那一刻除了再一次讓我感受到能成為李博士母校校長的無比光榮之外，更對如何應用鑑識科學落實真正科學辦案留下不可磨滅的印象。當時我即邀請李博士返校協助規劃鑑識系發展的前瞻性課程，而從目前鑑識系畢業同學的專業表現逐漸被警察辦案所倚重的程度來看，李博士對母校的貢獻，確實功不可沒。

李博士從警官學校到赴美求學的認真精神，兩年內即完成了四年大學的所有課程；其後又利用兩年半的時間取得了生物化學及分子化學的碩士與博士學位，給莘莘學子樹立勤奮向學的榜樣。另一方面，李博士從選擇當時冷門的刑事鑑識作為生涯規畫，再從放棄柏克萊大學而選擇紐海芬大學任職，三年內即從助理教授晉升為終身教授；從放棄教授兼系主任的高薪，轉任康州鑑識實驗室主任兼首席鑑識專家，領導康州鑑識團隊並籌建先進鑑識科學實驗室，擔任唯一的華裔警政廳長；再到全球四十多個國家協助偵辦超過八千件刑案，都為後人立下追求夢想自我實現的楷模。紐海芬大學為表彰李博士對該校的卓越貢獻，目前以李昌鈺博士之名命名的學院有李昌鈺刑事司法與鑑識科學學院（The Henry C. Lee College of Criminal Justice and Forensic Science）與李昌鈺鑑識科學研究學院（The Henry C. Lee Institute of Forensic Science）。該校已發展為全美國最有名的鑑識專業學府，對全球三十六個國家及全美五十州提供訓練，已被美國司法部指定為美國全國犯罪現場訓練中心與美國國家冷案中心。

李博士的一生努力與貢獻讓康州躍升為全球鑑識科技視野的焦點，更將正義帶到人間每一個角落。因此，來自全球到康州拜訪李博士的訪客，絡繹不絕，一進入他的辦公室就看到牆壁上掛著滿滿的獎牌、感謝狀與證書，其中最醒目的一張，也是我最熟悉的是「中央警官學校畢業證書」。李博士都向訪客們介紹他是畢業於臺灣的中央警官學校，這種對母校飲水思源的感懷之心，令我相當感佩。

因李博士具有生化博士的背景，長期帶領鑑識實驗室團隊，教學研究不輟，專業觸角廣泛，又長期與刑事偵查人員合作辦案，精通偵查思維與各類刑案辦案技巧，善於運用物證重建犯罪現場，讓物證說話。李昌鈺博士不是虛構中的福爾摩斯，他是真實的科學神探，毫無疑問地，他從臺灣走向全世界的傳奇人生，其鑑識專業已為全球執法者樹立「以物證為導向」的科學辦案榜樣；而李博士在實現自我的過程更為後人立下「化不可能為可能」的成功典範。

科學鑑識大師

司法院院長／賴浩敏

鑑識科學是將科學應用於偵查犯罪的專門學問，隨著時代的發展，運用的範圍越發廣泛。在法治思潮普及，人權意識抬頭，日常生活高度資訊化、多元化的現代社會，犯罪手段日益智慧化、異態化。法院的審判，或是檢警機關偵查犯罪，均面臨透明化與課責性的要求，鑑識科學的重要性與日俱增。我國刑事訴訟制度已逐步朝向「當事人進行主義」改革，目前正規劃推動「人民參與審判制度」，可以預見，證據法則會益趨嚴謹化。證據必須具證據能力，且經合法調查，接受法庭交互詰問的檢驗，法官乃能據以認定犯罪事實、適用法律，調查證據已然成為刑事審判程序之核心。準此而論，犯罪現場的勘察採證，以及科學鑑識的結果，通常即為破案、定罪的關鍵因素，具有無可取代的重要性。近年來，美國刑案鑑識影集「ＣＳＩ犯罪現場」季季熱映，收視率很高，科學辦案的觀念更加深植社會大眾的腦海；司法、警察機關都能夠感受到未來的挑戰，無不強化專業的鑑識能力，務期全面落實科學辦案。

談到科學鑑識的代表人物，一定會讓人想到家喻戶曉的李昌鈺博士。李博士幼年失怙，從小學會自立自強，基於家庭經濟的考量，在完成高中學業後，選擇報考中央警官學校，初步接觸鑑識科學。畢業後擔任基層警官，展現出過人的膽識和能力，同時激勵他走向專業鑑識之路。他抱持著堅定不移的信念，及明確的目標，決意追尋心中的夢想，毅然遠赴美國深造。異國留學，絕非易事；他克勤克儉，比別人更認真、付出更多的努力，以最短的時間完成碩士、博士學程；隨即投入鑑識生涯，在紐海文大學鑑識科學系從事研究和教學。他熱愛鑑識科學，將鑑識工作化為生活的一部分；他優異的教學品質，與優質的人格特質，廣受學生愛戴、同儕敬重。並且展現韌性，以專業、實力對抗職場中遭遇到的歧視與偏見，成功的打破「玻璃天花板」，先後獲得紐海文大學傑出教授、終身教職的殊榮；進而受到康乃狄克州州長注目，不次委以重任，先後出任該州警政廳刑事化驗室主任、首席鑑定專家、警政廳長，開創華人在美國政府的新紀錄。他領導下的團隊，迭破各種刑案，政績倍受肯定；傑出的專業表現，讓李博士成為全美最知名的鑑識人員，並得到媒體許多封號，諸如「科學神探」、「當代福爾摩斯」、「現場重建之王」、「犯罪剋星」等，無一浪得虛名。而國人、僑界則稱他為「警界之光」、「華人之光」他都當之無愧。

李博士用生命鑽研鑑識科學，秉持公正無私的心及正義感，奉獻人類社會。他頂尖的專業能力，享譽全球，固然令人讚佩。但他超然中立、不屈從壓力，堅持以公正客觀、實事求是的原則，成功的建立公信力，毋寧是其受人尊敬的主因。李博士的名言「讓證據說話」、「有幾分證據，說幾分話」，更已被從事鑑識科學的專業人士奉為圭臬。

他雖然功成名就，但始終體現君子之風，平易近人，榮耀歸諸團隊，自己從不居功。而且胸襟寬闊，樂於助人，經常不辭辛勞，甚至冒著危險，協助國內、國際間各種矚目案件的調查鑑識；尤其不忘回饋故鄉臺灣，關懷之深，可謂盡心盡力、無怨無悔，贏得國人一致的敬重。李博士一生致力推廣鑑識科學，親兼教職，以作育英才為樂，春風化雨，桃李滿天下。並且爭取資源，設立「物證科學教育基金會」，提供獎學金，提攜後輩，傳承薪火，大幅提昇我國政府執法及教育單位的鑑識水平。更難能可貴的是，在百忙的工作裡，仍能抽閒著述，撰寫中、英文書籍近四十冊，誠非常人也！浩敏以為當代可登立德、立功、立言殿堂者，李博士厥居一席。

本書是李博士多采多姿、充滿傳奇的自傳，值得國人分享。他一輩子在做「化不可能為可能」的事，我們需要這樣的人物；臺灣的書市，需要這麼一本書。浩敏承邀作序，深感榮幸，欣然為之。並特別藉此向李博士及所有從事鑑識工作之團隊、同仁，致上誠摯的感謝及敬意。

目錄
contents

第3章——抽絲剝繭，讓證據說話

第4章——最有價值的一元先生

第5章——化不可能爲可能

前言

一天一小步，就能完成許多夢想

前一陣子我到北京演講，一上台便對台下的觀眾說：「如果待會我講到一半睡著了，請大家見諒。」因為我前一天人還在卡達，為了這場演講，特別飛到北京，結束後也沒有多作停留，立刻馬不停蹄地飛回紐約。雖然一路上舟車勞頓，但我一輩子幾乎都過著這樣忙碌的生活，早就已經習慣了。

我今年七十六歲，至今已經退休四次，但依然一天工作十四個小時，每天的行程排得滿滿的，演講邀約更是排到好幾年之後。

當年和我一起在警官學校讀書的同學們大都已經退休了，有些甚至已經離開人世，我可能是唯一一個還繼續待在工作崗位上的。雖然如此，我絲毫不覺得辛苦，因為我熱愛鑑識工作，這份工作帶給我許多人生中特別難忘的經驗，讓我的生命充滿了意義和價值；更重要的是，它能為許多無辜的被害人伸張正義。如今我已經不在第一線工作，但想到還有許多案件尚未偵破，還有許多受害者家屬仍在殷殷期盼獲得一個真相與公道，便覺得責任重大。我的使命也從努力推廣鑑識科學，到思考如何培養下一代的人才，將自己的經驗與專業傳承下去。因為只要多訓練一名優秀的鑑識人員，就可能多破好幾個案件，為整個社會和世界做出更多的貢獻。

我這一生經手過八千多個案件，看過無數的犯罪現場。由於我曾破了幾件大案，逐漸在美國建立起名聲，因而被美國媒體冠上「犯罪現場之王」（King of the Crime Scene）、「現代福爾摩斯」的美名，也受邀到世界各地四十多個國家，參與刑案偵查。我服務的大學以我的名字設立了刑事司法與鑑識科學學院及鑑識科學研究院，康乃迪克州州長也曾邀請我擔任警政廳廳長，因而成為美國有史以來職位最高的華裔警政人士。

回想當年剛拿到美國紐約大學生物化學博士學位之際，我不過是個年輕的鑑識人員，窮到連自己的博士班畢業典禮都沒有錢參加。多年來，我陸續獲得了不同國家的榮譽博士學位，比起當年剛到美國的辛苦，情況可以說完全不同了。

常常有人問我，如何從一個臺灣來的小警察，成為全球最負盛名的鑑識專家？

我常和年輕朋友說：「你站在什麼起點不重要，你在人生的抉擇點做出什麼選擇很重要！」很多人以為我是鑑識天才，事實上每個案子我都仔細研究、反覆研讀資料過無數次，這些都成為經驗和知識的累積。我很幸運的是，這一生有很多的好朋友、好部屬，雖然沒有碰過什麼重大的失敗，但無可避免地，也遇到一些大大小小的挫折，這是人生的必然；可是我從來不把挫折放在心上，事情過去，也就忘記了。

除了運氣之外，我認為一個人成功與否，努力更是關鍵。人的一輩子很長，成就其實是一步一步累積起來的。我相信，一天走一小步，持續不懈地前進，就能完成許多夢想。此外，人的一生中能夠擁有的機會有限，稍縱即逝，我常比喻機會就好像一列火車，如果搭不上，它就從眼前疾駛而過了。所以機會來時，一定要懂得好好把握。

去年我回到臺灣，在一些大學進行了一連串行程緊湊的演講活動。當我在桃園中正機場準備離境時遇到一位女士，以及她大約六、七歲的兒子。這位女士主動上前和我打招呼，身旁的小男孩則一臉好奇地看著我。

我低下頭，友善地問他：「你去過美國嗎？」

他搖搖頭說：「沒有，但我長大後想去美國留學！」

我聽了微微一笑，然後從西裝口袋裡掏出一張名片，送給他：「這是我的名片，將來等你到了美國，歡迎你來找我！」

小男孩有些驚訝，最後點點頭，揮手和我說了再見。

這幕畫面不由得讓我想起四十多年前，我跟太太宋妙娟第一次踏上美國土地的情景。當時我們的口袋裡只剩下五十元美金，幾乎是一無所有，英文能力也大不如人；為了養家餬口，還得同時兼三份工作。那是一段相當辛苦的日子，可是我始終沒有忘記自己最初的夢想，我和太太一起胼手胝足地奮鬥到今天，如今才在美國擁有了一些小小的成就和地位。

「化不可能為可能」是我一輩子在做的事情。我希望這些經歷能夠鼓舞更多年輕的朋友們不斷前進；而我也相信，只要努力，你也能做到化不可能為可能！

第1章

做自己做得到的事

另一個名字

我出生於一九三八年，祖籍是江蘇省如皋縣，家中世代經商，在當地可算是相當受人尊敬的名門望族。父親繼承家業後，為了擴大事業版圖，便轉往大上海地區，經營煤油與日用品的貿易。在我一歲多時，全家也搬到上海，過著富足的生活。

我們家中成員眾多，共有十三個孩子，我排名十一。兄姐比我年長許多，我大哥的兒子，甚至年紀比我還大。當時我們家族的男孩名字中都有「寶」字，例如「錮寶」、「鑫寶」，而女孩名字中則有「珠」字，像是「龍珠」、「鳳珠」、「婉珠」……我卻是例外，不叫「鈺寶」。

據說我小時候曾經發生過這樣一個有趣的故事。

我剛剛出生時，常常毫無緣由地哭鬧，看醫生也找不出毛病來，無論母親怎麼哄都沒有用。有天外頭來了位老和尚化緣，母親讓傭人給了點香燭錢與油、米，可是這位和尚說他不是來化緣的，堅持要見主人。

「麻煩你幫我通報一下你們家主人，我有一件要事相告。」老和尚說。

我父親見這位老和尚談吐不俗，似乎有些來歷，便要傭人將老和尚領到前廳，問道：「請問這位師父，有什麼事情需要我們幫忙嗎？」

「老爺，請問夫人最近是否剛產下一子，半夜常常哭鬧不休？」

「沒錯，師父您怎會知道？」

這時我母親也抱著我來到前廳，那位和尚一看到我，便撲通一聲跪了下來，向我磕頭。

「老爺、夫人，這個孩子的前世是我的師父，法名『解塵』，因為不願意再轉世下凡，所以才會如此哭啼。如果將他的小名改為『解塵』，應該就不會再任性哭鬧了！」

我父母親對這位和尚的說法半信半疑，但看到仍在襁褓中的我日夜哭啼，實在不忍心，因此就照著化緣和尚的提議，將我的小名取為「解塵」。說也奇怪，從此夜裡我就睡得相當安穩，再也不哭不鬧了。

母親的教誨

一九四七年，父親因為擔心戰事愈演愈烈，便讓母親帶著孩子遷往臺灣。從那時開始，母親便一個人照顧我們十三個兄弟姐妹的生活。而在我的記憶中，對父親的印象有限，只記得他喜愛穿長袍，為人謹慎、嚴肅，對我們的管教也很嚴格。

一九四九年一月農曆年前夕，家家戶戶都張燈結綵，將家裡佈置得喜氣洋洋，迎接過年，母親也忙進忙出地準備豐盛的年夜飯。全家人一心期盼著父親從上海趕回臺灣圍爐，沒想到，此時突然傳來一個驚人的噩耗：「父親搭乘的太平輪在海上出事了！」船上有近千名乘客罹難。

這個消息來得太突然，全家人頓時陷入了一片愁雲慘霧之中，不知如何是好。母親堅持父親在出事的當下，有可能死裡逃生，於是急忙雇了一架私人飛機到父親出事地點搜索，但是經過幾天夜以繼日地尋找，仍然沒有發現父親的蹤影，只能無奈地接受這個令人悲痛的事實。

父親驟逝，家中也失去了經濟支柱，母親身邊微薄的積蓄根本無法應付全家十幾口的開銷，原本富裕的生活環境也不復存在。我的童年，可說是在相當艱困的環境中成長。

幸好，我的母親是位剛毅堅強的女性，她一肩扛起照顧我們十三個子女的重任，為了家計，她每天天色未亮就起身在家工作，幫人洗衣服，到了深夜看我們做完功課，她才上床睡覺。我的幾位哥哥姐姐幫忙別人補習，打工兼職，我們年紀小的也幫忙做家事來貼補家用，全家都在這艱苦的環境下，一心團結向上。

母親連中學都沒有畢業，但是相當重視子女的教育，對我們的管教非常嚴格。小時候我很調皮，常惹母親生氣。當時我很喜歡讀《三國演義》、《水滸傳》、《福爾摩斯探案》這類小說，常常半夜還躲在棉被裡面看，被母親發現之後，她就會狠狠斥責我一頓。

每次我去演講，若是有人問我：「李博士，你到過這麼多刑案現場、看過這麼多屍體，有什麼事物會讓你感到害怕的嗎？」我一定不假思索地說：「有，我最怕我媽媽生氣！」

隨著我在工作上的專業能力逐漸受到肯定，找我去做鑑識工作或演講的單位也愈來愈多。我和一般人一樣，一天的時間只有二十四小時，實在無法一一接受所有的請託；不過，只要跟我熟識的人就知道，這時去找我母親就對了。

母親對我的影響非常大。從小到大，她總是叮嚀我要好好地做人，好好地做事，懂得尊重長輩，提攜後進。這些話我都謹記在心，雖然我不一定每件事都順從她的心意去做，但是從未忘記她對我的諄諄教誨。

回顧母親這一生，歷經了喪夫之痛，一個人含辛茹苦地撫養十三個孩子長大成人，儘管面對了生活困頓的種種考驗，她仍然堅持讓每個孩子接受良好的教育，這中間必須承受多大的壓力和煎熬？她憑一個人的力量完成這些事情，怎教我不由衷地敬畏她？

幾年前我母親一百歲高齡生日，我們兄弟姐妹問她想要什麼生日禮物。她毫不遲疑地說，要為家鄉兒童教育做點貢獻。我們特地回到家鄉江蘇省如皋縣，用母親李王岸佛女士的名義捐款，替當地一所學校建立了一座運動場，希望能將她的大愛遺留給後世。

接受自己先天的限制

我們一家人搬到臺灣後，定居在桃園。當時二哥在桃園經營農業魚池，有次魚場發生意外，一名工人掉進魚池溺死。有人說，這是工人自己失足，並非我們的責任，但母親堅持要賠償對方，最後只好把魚池賣了！之後我們便搬到台北，住在臺灣師範大學附近。

因為家境拮据，食衣住行自然是能省就省。我就讀龍山國小，學校離家裡有一段距離，又沒有公車可搭，只能走路上學。當時母親幫我買了一雙鞋子，可是我知道，如果每天穿著它走石子路，恐怕鞋子很快就要報銷了。因此，我每天一出家門，就把鞋子脫掉，赤腳走到學校門口後才又穿上。

由於家裡人口眾多，住的地方空間又小，讀書時常常受到干擾，所以每次考試前，我總喜歡一個人跑到附近的墳場去，坐在那裡複習功課。我的師長、同學們都覺得不可思議，認為我的膽子很大！事實上我一點也不在意墳場是否會有鬼魅出現，那裡很安靜，沒有人打擾，是最好的讀書空間。

有一次我與隔壁班的三位同學出去玩耍，一時興起，便鑽進下水道探險，我們一邊嬉鬧一邊往深處跑去，最後走著走著，竟然迷路了！下水道裡一片漆黑、伸手不見五指，外面嘈雜的聲音也聽不到了。我們在裡面轉來轉去，好幾個鐘頭過去了，仍然找不到出口……這時有個同學突然放聲大哭，「怎麼辦？都找不到出口，我們是不是就要死在這裡了？」

其他人聽他這麼一哭也慌了，開始啜泣起來。這時我心裡也很害怕，但是轉念一想：「總不能待在原地，坐以待斃，什麼事情都不做吧！」

於是我定下心來安慰他們，「大家不要驚慌，可能是我們剛剛走太快了，所以沒注意到出口，現在我們再仔細看看哪個方向有亮光，順著亮光走，一定出得去！」

沒多久，果真看到前頭有些許亮光，我們趕忙往那個方向走去，終於順利地脫困了。雖然事後不免遭受到大人的責罵、處罰，但同學們對於我的鎮定和臨危不亂，都感到相當佩服。

小學畢業後，我到彰化讀書，與在彰化教書的大姐跟姐夫同住。初中二年級時再轉學到台北，進入強恕中學就讀，高中則考進了大同中學。

中學時候，我的成績只是中等，並沒有特別喜歡讀書，在班上話也不多。我真正喜愛的校內活動是打籃球，夢想要成為一名籃球選手。

初中時，學校的籃球校隊招考隊員，我與幾個平常一起馳騁在籃球場上的同學，信心滿滿地前去報考，準備發揮平時苦練已久的球技。但是，我的個頭不高、瘦瘦小小的，看起來一副營養不良的樣子，根本沒有資格進入校隊。

不過教練看我滿懷熱情的模樣，不好意思直接拒絕我，就跟我說：「你回去好好努力，多練身體、多喝點牛奶，等到身高長到一百八十公分的時候再來找我。」

回家後，我立刻央求母親買牛奶給我喝，一有時間就猛跳繩、跑操場。經過一段時間的鍛練，我發現自己的身高並沒有如預期般長到一百八十公分，而身材也沒有脫胎換骨，彷彿大力水手卜派吃了菠菜後般，變得身強體壯，感到很失落。於是我漸漸了解到，自己天生就不是當籃球選手的料，不是因為我不夠認真、努力，而是每個人都有體能上的限制，像我運球上籃很快，可惜就是沒有林書豪快捷或是擁有姚明身材高大的ＤＮＡ。

這段經歷也讓我明白，要了解自己先天的條件，不要把目標定得超過自己的極限，就不會感到失望與痛苦。每個人都有他先天的體能、智力上的Limitations（限制），要想辦法接受它，而不是一直執著於自己能力做不到的事情。

雖然成為籃球選手的夢想落空了，我的中學生活仍然過得十分充實。幸運的是，我在學校裡也結識了一些好朋友，包括後來成為調查局長的吳東明，當時我是風紀股長，而他是班長；另一位好友劉平衡是學藝股長，後來他進了師大藝術系，成為知名畫家。

警校生涯

高中畢業以前，我從未曾想過要進入警界，成為人民的保母。一九五七年，我參加大專聯考，考上了臺灣省立海事專科學院（今國立臺灣海洋大學），原本已經準備好要去報到，正巧，有個同學告訴我，中央警官學校（今中央警察大學）在臺復校後，第一次公開對外招考，我們兩個就說好了，一同前去報考。由於是第一次對外招生，競爭相當激烈，最後只錄取五十人，結果他在考場中缺席，反倒是我考上了。

我看到中央警官學校開出的條件相當心動，不僅唸書不用學費，學校還提供生活津貼和伙食，畢業後立刻就有工作等待著，完全不用擔心就業問題，這對於窮人家的孩子來說，是一條很好的出路。

考量到家裡經濟拮据，我選擇放棄海事學院，就讀中央警官學校。不過，母親並不贊同我的決定，她認為通常書讀不好的人才會去當警察，希望我可以像其他哥哥姐姐一樣，讀一般大學，有朝一日能夠出國唸書，拿個博士學位，光耀門楣。

當時家裡較長的兄姐已經出社會工作，所以勉強可以負擔一般大學的學費。但我左思右想，仍然不想用兄姐辛苦賺來的薪水，最後母親才勉強同意我去警校報到。我也答應她，有朝一日，一定會拿到博士學位。

進入警校之後，有一回某個香港公司要拍警匪片，前來挑選演員。校方一聲令下，所有學生都去參加試鏡。最後製作單位竟然挑中了我，我很興奮地告訴母親。

沒想到她一聽，很生氣地斥責我：「讓你唸警校已經不容易，你竟然還想當戲子！」在她的眼中，演員比警察還不如，所以這件事也就不了了之。

中央警官學校開學的第一堂課，老師要我們發表自己就讀警校的原因。有的同學說：「警察是人民的保母，當上警察之後可以保家衛民。」有的則說：「小時候常被別人欺負，希望唸警校可以學得一身武藝，以後就不怕被欺負了！」

輪到我發言時，我老實地回答：「因為唸警校不用繳交學費，每個月還有生活津貼可以領，畢業之後就可以直接分發，工作穩定又有保障。」話一說完，現場就傳來一陣笑聲。

雖然當初是基於經濟上的考量才進入警校，但在警校唸書的這段日子對我的人生產生了重大的影響，它奠定了我日後良好的工作習慣與生活態度。

後來母親隨著姐姐移居美國，因此我除了平時住在宿舍外，連假期也都留在學校，跟幾個同樣「無家可歸」的同學，建立了深厚的友情。

事實上，警校宿舍沒有單人床，只有一張大的榻榻米，十幾個人睡在一起，加上洗澡也是在大澡堂，過了三年「裸裎相見」的日子，這樣的革命感情不好也很難了。

剛入學時，同學們個個都是滿腔熱血，對於警察生涯充滿嚮往。不過畢業之後，很多人選擇轉業。主要原因是當時想要在警界生存不容易，人事制度也不夠健全，升遷沒有保障，而且從署長到局長都是由軍人擔任，對於警校出身的我們來說更是不利。

四十九位同班同學當中，真正從事警察工作的不到一半，有些同學找到了其他更好的出路，像是成為醫生和商人，包括我的好朋友程宗熙，他的事業做得相當成功，後來移居維也納，每次我去奧地利時都會特別拜訪他。

至於像我一樣留在警界的同學，大多也有不錯的發展，余玉堂和黃丁燦曾先後擔任警政署副署長，是我們同學之中職位最高的；也有其他人擔任檢察官或是警察局局長。

回顧這段警校生涯帶給我的成長，其中之一是學校提供了允文允武的學習環境，除了讀書之外，還有嚴格的體能鍛鍊，為我的身體健康打下了極佳的基礎。當時每天六點就得起床，五分鐘內盥洗整理完畢，接著出操訓練體能。由於活動量大，我的食量大增！雖然學校提供的伙食並不是很豐富營養，但也不用擔心吃不飽。

除了我最愛的籃球運動之外，我也上了許多體育課程，包括柔道、摔角以及武術。本來我的身材瘦小，給人營養不良的感覺，但在警校生活作息正常，加上勤於運動、習武，很快地，身體就變得愈來愈健壯。一年過後，母親與家人看到我身強體壯，生活有紀律，應變能力也變好，也就不再反對我就讀警校了。

在這個時期，我也開始發憤讀書。平日沉默寡言的我，為了訓練自己的口才，參加了校內外大大小小的演講比賽；也因為喜歡英語，我一有空就猛背英文單字，把握每一個學習英語的機會。

當時的校長趙龍文還有其他老師，對我的影響很大。其中一位梅可望教授，後來成為中央警官學校校長，他教授的警察學，令我印象十分深刻。離開警官學校之後，他轉赴台中東海大學擔任校長。還有一些剛剛留美回來的年輕老師，他們滿腔熱血，懷抱著理想，努力想要改革警察教育，我就是在這樣充斥創新氛圍的環境下學習，深深受到啟發。

我在警校求學期間也開始撰寫文章，並且投稿到《警民報導》、《親民半月刊》等警察刊物。《警民報導》雜誌提供了豐厚的稿費，對我來說是很大的激勵。我後來愈寫愈多，寫作幾乎成為了我的興趣，後來我在美國經常發表學術文章，寫作能力就是從那時候培養出來的。

還記得第一次拿到《警民報導》雜誌稿費，我買了一大把的香蕉。我從小就喜歡吃香蕉，可是家中兄弟姐妹眾多，每個人常常只能分到一兩口，也算是補償了我兒時的心願。

第二次拿到稿費，則去買了一雙新鞋子，同樣是為了完成小時候無法滿足的欲望。

當然，在警校最重要的任務，還是學做一名警察。除了平時上課外，寒暑假學校都有安排實習工作，必須參與正式勤務工作。那段時間發生了許多事情，讓我見識到警察工作的危險性，也深切體會到這份職業背後所蘊含的意義。

出生入死的菜鳥員警

我在中央警官學校的第一個暑假被安排到台北松山機場附近的派出所實習，工作內容是與另一位正式員警在轄區內四處巡邏，處理轄區案件。

記得有一天早上，我剛在電線杆上的巡邏箱簽完名，一架飛機就從我的頭上低空飛過，我問一同巡邏的員警：「這架飛機怎麼飛得特別低，感覺快要撞到前面的電線杆了?!」

他說：「因為這邊靠近飛機場，飛機當然會飛得比較低囉！」

話才剛說完，只見那架飛機的機翼突然拉扯到高壓電線，整架飛機開始在空中打轉，橫掃過附近的民房，接著，幾十公尺高的電線杆像保齡球瓶般一個個倒下……我正準備要閃躲時，一支電線杆突然往我這邊壓過來，令我差點閃避不及。

當時顧不得現場火光、煙霧四起，我跟另一位巡邏的員警奮不顧身地衝向失事現場，準備救人。

當我跑進事故現場赫然發現，「這好像是一架專機?!」

接下來我們趕緊進行搜救工作，試著從四周的飛機殘骸與被壓垮的民宅中找尋生還者。由於周圍充斥著濃濃的黑煙與刺鼻的汽油味，不時還有火花濺出，我一邊留意著可能會引起大爆炸，提醒自己必須小心謹慎才行；一邊拚命用手挖掘，希望可以在第一時間把埋在底下的人救出來。

派出所的員警、救護車、消防車陸續到達支援，加入了搶救的行列。

此時，我發現一具疑似人體的東西被壓在瓦礫之下，立刻衝過去，挖開覆蓋在上面的碎片，果然看到一個年輕男子咬著牙、全身緊繃地躺在裡面。我連忙將他抱起，準備火速送上救護車。就在我抱著他衝向救護車的途中，他突然往我手上狠狠咬了一口，我痛得忍不住失聲大叫！「我是來救你，為什麼咬我呢？」當時的我並不了解，這是人在極端疼痛時的生理反應。

其他搜救人員見狀，趕緊過來幫忙，把我的手從他的口中移開。我的手湧出鮮血，疼痛不已，但是在簡單的包紮後，又回到現場，繼續進行搶救工作。

後來我才知道，那天被我從災難現場救出來的年輕人是一位少將的兒子。後來我見到他的父親，對方特別把衣領上的一顆星送給我作為紀念，這對他來說是非常貴重的物品，也表達了他由衷的感謝。

記得有一次，我們跟蹤一個地痞流氓到了暗巷，發現他正要進行私菸私酒的交易，立刻衝上前去喝止，命令他不准動！就在我們拿出手銬準備要銬人的當下，那名流氓突然轉身推了我一把，然後拔腿就跑！

我在後面拚命追趕，好不容易困住了對方，他從懷裡拿出一把刀，準備做困獸之鬥……我毫不猶豫地立刻撲向他，一把抓住他手上的利刀，將他制伏在地上，就在這時候，刑警們也追上來了，對著這個流氓拳打腳踢一番。

我看到對方身上滿是血跡，趕忙要大家不要再打了，先送醫急救比較要緊。不過，當我們把這個流氓扶起來之後，發現他的身上並沒有流血，「奇怪，那這些血是從哪來的？」大家左顧右盼地問。

「啊！李巡官，你的手腕上怎麼都是血?!」

經同事這麼一說，我才驚覺到原來血是從我手上流下來的，當時我在搶奪刀子時，不小心被利刃刺到，但我一心只想追捕壞人，沒有意識到傷口的疼痛。

後來我被緊急送到醫院急救包紮，醫生直說我的命大，因為只差幾公釐，就會刺傷到手腕的動脈；如果是這樣，後果真的不堪設想。

這次的突發事件讓我差點命喪現場，但也讓當時仍是實習員警的我深刻體會到警察的辛苦，為了保護人民，他們經常得出生入死，而這就是警察的職責所在。

此外每當颱風來襲，警察必須值班支援，並且上街巡邏，避免突發狀況的發生。在颱風天工作，處處充滿著危機，當時我最怕兩種東西，第一是雨傘，有時被大風吹起來，像飛鏢一樣，很容易就被刺傷；第二則是廣告招牌，那些招牌大都是用鐵皮製成，有時禁不起風吹，便在路上亂飛，要是不小心被砸到，可是有喪命的危險！

不翼而飛的軍餉

我從中央警官學校畢業後，非常幸運地，在分發抽籤時，抽到了「金馬獎」，被派駐到金門第一線——田埔，擔任政工官。

雖然八二三砲戰結束已久，政府維持「單打雙不打」的策略，前線仍然充滿著緊張的氣氛，包括當時上岸，都還得要搭登陸艇。

在一年的預官生涯中，我印象最深刻的是有一次軍中發餉，負責發餉的行政官是個師大畢業的預官，與另外兩個傳令兵負責把裝在木箱裡的軍餉挑回連上，由於回來的時候已經很晚了，所以便將木箱鎖在自己的營區看管，打算隔天一早再發放。

到了第二天早上，連長召集大家列隊準備領餉時，軍餉官臉色鐵青地跑來說：「報告連長，我們昨天運回來的木箱不見了！」

「怎麼可能？不是都有衛哨兵連夜看守嗎？」連長問。

「報告連長，沒錯！衛哨兵也確認他們都沒有離開過崗位一步，但不知怎麼搞的，箱子就是不見了。」

由於軍餉官與衛哨兵再三保證木箱的確送達軍營，他們也徹夜看守著，所以推論起來，這應該是內賊所為。因此，營區全體總動員，進行地毯式的搜索，結果在一個廢棄坑道裡面找到了那只木箱；當木箱被打開時，裡面空空如也，一疊疊的台幣已經不翼而飛。

連長心想：「現在要如何是好？在金門前線發生這種事是非常嚴重的事，得趕快追回軍餉，查出是誰幹的才行！」

「報告長官，我記得李政工官是警官學校畢業、當過警察，是不是要找他來幫我們查查，到底是誰把木箱給偷走了？」一名軍官提出了建議。

於是連長命令我著手調查這個案子，而且必須在最短時間內把軍餉找回來。

我當下立刻召集營區所有的軍官、士兵，告訴他們，已確定偷軍餉的人是連上的一員，只要他願意出來自首，連長會酌量減刑。

可是，我從清晨等到晚上，不見任何人來投案，眼看時間一分一秒流逝仍一無所獲，我只好向連長報告，打算從木箱展開調查。我認為小偷既然是打開木箱把錢拿走，理當會在木箱口留下指紋，只要找出指紋是誰的，就可以知道是誰偷的。

在當時物資缺乏的金門，不可能有指紋粉或是指紋刷等採證用的工具，想要採集指紋，難度很高。不過，窮則變、變則通，我靈機一動，拿出了粉筆磨成粉末，當成指紋粉，把毛筆當指紋刷，用毛筆在箱子口刷一刷，找到了幾枚殘缺的指紋。

由於指紋不完整，也沒有足夠的設備可供比對，所以接下來我只好展開心理戰術。

隔天我再度召集全營的軍官、士兵，要求每一個人排隊捺印指紋，然後告訴他們，我會把這些指紋拿來與箱子上嫌犯的指紋比對，也提供最後自首的機會。全連一大半的士兵已經按了指紋，仍然無人自首。這時我觀察到一位士官班長形跡可疑，每次快輪到他捺印時，他就找理由又排回後面的隊伍，看似不敢捺印的樣子。於是我說：「張班長，到我的碉堡來！」

張班長來了之後，我對他說：「張班長，軍餉不見這事情，我已經查出是你幹的！」

張班長聽了之後，臉色頓時轉為蒼白，雙腳開始發抖。果不其然，這位老士官就是真正的小偷，因為一時貪念偷了箱子，想把軍餉佔為己有。

可是，現在問題來了！抓到小偷還是找不回那些消失的軍餉，後來經過我幾番道德勸說，並且再三保證會拜託連長斟酌減刑，這名老士官終於願意說出藏錢的地點。只是當我們聽到這個地點時，全都嚇傻了！

原來，他把這筆錢藏在地雷陣邊。大家都知道，地雷陣裡的地雷散落在地底，只要稍有不慎，肯定會被炸個粉身碎骨！

這時連長神情嚴肅地對我說：「政工官，既然這件案子是你偵查的，那你就負責到底，跟著士官長去地雷區把錢取回來吧。」

當下我聽了頭皮發麻，但是長官的命令不得不從，只好跟著老士官往地雷陣走去。我讓老士官走在前面，自己亦步亦趨地走在後面，等到老士官走了幾步，確定地雷沒有爆炸後，我才趕緊跟上。

就這樣，錢終於順利地拿了回來，我也放下壓在心上的一顆大石頭。只是，後來師長並沒有聽從我及連長的建議，酌量減刑，反倒是依照軍法審判，將老士官處以死刑。這件事讓我相當難過，但我的位階低，實在無力替他辯護，只能默默接受這個令人遺憾的結局。

機場工作初體驗

服完兵役後，我又回到警界工作。

一九五九年，我以第二名的成績從中央警官學校畢業。我們這一屆很特別，入學時，學校實際唸三年，號稱是四年級，相當於大專學位。為此，我們還必須接受許多測驗，可是最後學校並未授予我們大學學位，而是從下一屆才開始。

畢業時，我原本填的志願是台北市，不知道為何，竟然被分發到了台南縣。本來我也準備去報到，卻在同時剛好遇到我六姐的公公，他是當時的考試院長，隨口問我分發的結果。

我說：「分到台南。」

他問：「你不是填台北嗎？」

我回道：「是啊，也許是被人動手腳了吧。」

他一聽，很生氣地說：「這個國家的制度怎麼可以被破壞！」

第二天，人事室的人就來找我，說：「你小老弟這麼大的來頭，怎麼不早點告訴我們！」結果我按照成績，被分派到台北市警察局。

當年有個特殊的現象，許多警察都是由軍人轉任，警校出身的人反而沒有位子。所以一開始我們只能擔任實習員，後來改叫「臨時編制巡官」。我還記得當時一個月的薪水是台幣一百四十七元。

起初我在台北市警局的外事室工作，負責查檔案，後來改派到松山機場。

那時臺灣開始跟國外有愈來愈多的接觸，本來機場的工作是由警備總司令部負責，但他們都是軍人，很多人不會說英文，不知道如何與外國人溝通。除此之外，飛機起飛前要清艙，必須有專人上機清點人數，結果檢查的人常常點不清楚，導致班機延誤的事件時有所聞，不僅外國旅客抱怨連連，航空公司也滿腹委屈。最後這些工作就交由外事警察來做，我因為英文不錯就被調去支援。

我的工作是負責查驗護照，起初並沒有人教導我該怎麼做，不過這並不是一項困難的工作，狀況也不多，偶爾有一些韓國人偷渡而已。

查驗護照的流程也很簡單，說來說去就是四句英文：「你叫什麼名字？

（What is your name？）」「你要待多久？（How long are you going to stay？）」「你要住在哪裡（Where are you going to stay？）」「你要去哪裡？（Where are you going to go？）」

因為工作緣故，我每天就睡在機場裡。機場的噪音污染嚴重，尤其是引擎聲，十分吵鬧，空氣中還彌漫著汽油味，整體而言，算不上是太好的工作環境。不過當時還年輕，也不以為意。

最麻煩的情形要屬颱風過境時，由於飛機停飛，過境旅客必須臨時在台北過夜，而外事警察的責任就是監督他們。外賓經常下榻在圓山飯店，我們也就順理成章地住進了圓山飯店。

其實與其說是監督，不如說是幫他們處理大小事。每次我們進去，那些國外旅客會不停地詢問班機何時可以起飛，必須一一回答他們的問題。有些旅客還會偷飯店裡的東西，像是把菸灰缸帶回去當作紀念品，這時飯店就會要求我們幫忙處理。

所以，每次颱風過境就是工作最忙碌的時候，但也是最開心的時候。因為平時根本不可能有機會住進圓山飯店，甚至連大門都進不了！在颱風期間，不但可以住宿，還可以享用飯店提供的餐點，一切費用都由航空公司負擔。這樣一來，倒也抵消了原本工作上的辛勞。

後來我也擔任外賓前導車的指揮。這工作聽起來簡單，實際上卻很複雜，有許多細節需要留意。

起初我什麼都不懂，也沒有人教，我對於這份工作的心得同樣是慢慢摸索出來的。當時前導車都是一輛紅色的吉普車，開在路上很拉風！可是車子一開動，頭上的帽子經常被吹掉，非常狼狽！有了幾次經驗之後，我才學會如何將帽子固定在頭上。

此外，身為巡官的我，需負責決定開車的路線。在那個沒有衛星定位系統的時代，一切都需要依賴個人的判斷。因為是接待外賓，所以必須要挑選市容較好的路線，以免丟了國家的面子。同時又要控制時間，確保不會延誤外賓的行程，所以每次出發前，都需要做好縝密的規劃。

這份工作攸關國家外交，責任非常重大。記得有一次，一名同事主動幫外賓關車門，沒想到一個不小心，竟然夾到了外賓的手。像這樣的事情，絕對要避免。

我一直都屬於比較細心的人，所以每次出任務，長官都對我的表現相當滿意，後來外交部也屢次找我幫忙。不過這並非我的業務範圍，所以在活動結束後，晚上還得趕回去，完成自己分內的工作。而這段經歷，也讓我結交了不少外交官朋友。

教訓美國大兵

我進入警界服務時是一九六〇年代，那時一般老百姓都對警察抱持尊敬的態度。記得在鄉村實習時，很多人經過警察局時還會跟我們鞠躬，叫一聲「大人」。這是日據時代遺留下來的風氣。

到了台北市，情況也差不多，老百姓到警局時通常會向警察敬一根香菸。我不想拒絕民眾的好意，往往會拿一根菸在手中，並不會真的抽。可是，有時對方當場就拿出打火機來點菸，逼得我不得不抽上幾口。有時一整天下來，要抽上好幾根。喝酒也是一樣，敬到我受不了！所以現在的我不抽菸，除了接待朋友時會喝一些紅酒外，平時也沒有喝酒的習慣。

過去警察跟民眾之間的關係有些緊張，但後來變得和諧，我出門巡邏遇到一般民眾，他們總是客客氣氣的。有時候碰到偷賣洋酒洋菸的人，雖然必須取締，但畢竟他們多數也是在外討生活，並非十惡不赦的罪犯，所以心中難免抱有幾分同情之心，不忍心太過嚴厲地執行取締工作。

一直到今天，我還是告訴學生，執行勤務時一定要有禮貌，以口頭規勸為優先，不要執著於嚴刑峻法。

因為我友善的態度，很多人說我並不像警察。加上警官學校的制服很帥氣，有許多鄉下的阿伯，都說要把女兒嫁給我。後來我常常和太太開玩笑，當時如果娶了別人，人生際遇也許就完全不同了！說不定繼承哪個地主的財產，變成了土財主。

我服務於台北市警察局外僑刑事組這段時間，由於國際情勢的變化，臺灣成了美軍駐防的地區，美軍顧問團、美軍俱樂部以及美國駐華大使館，都坐落在台北的中山北路上。

有一次美國大使館向警察單位抱怨，中山北路周遭的治安太差，要求我們加強巡邏，並且取締附近的流氓和妓女。刑事組內有些老巡官不喜歡處理涉外事情，時常不肯值夜班，找我代班。我因為單身，家人也不在身邊，也就欣然接受。

當時美軍駐台，時常發生美國大兵跟民眾之間的衝突。因此除了晚上值班，我還需要處理偶發的群眾事件。很多時候，那些美國士兵確實過分，他們不守規矩，而且沒有禮貌，目中無人。

記得有一天晚上執勤時，台北衡陽路上發生了一群三輪車夫追打一名美國兵的事件。原來，這名士兵當街調戲婦女，那位女士大聲求救，被三輪車夫發現了，立刻找他算帳。這個美國兵不但沒有道歉，反而與民眾大打出手。既然在轄區之內，我們當然有義務處理，否則美國大兵被打傷甚至打死了，後果一發不可收拾。

我帶著保安隊前往調解，一到現場，立刻將美國大兵逮捕，帶回警局。

起初圍觀的民眾及三輪車夫們群情激憤，將警局團團包圍住，要我們交出這位美國士兵。我只好出面向大家喊話，一定會公正處理，三輪車夫們才漸漸散去。

美國大兵被關在警局裡，他一點也不服氣，頻頻口出惡言，還向員警下戰書，罵他們是中國狗。

當時的我年輕氣盛，見到他出言不遜，一時沉不住氣，把制服一脫，就對他說：「我現在下班了，你要挑戰，就來吧！」

我在警官學校就讀期間認真學習摔角、柔道、武術和散打，此時都派上用場了。美國士兵原本起身想要攻擊我，沒想到連續被我摔了好幾下。他知道打不過我，只好乖乖地坐在旁邊，不發一語。
不久，美國憲兵來了，準備把他帶回去。他一見到自己人，立刻開口告狀，說我打傷他。
美國憲兵問他：「哪裡被打傷了？」他指指右手臂，沒想到美國憲兵一棍打下去。他又連忙解釋，是左手臂被打傷，美國憲兵又是一棍。這樣一來，新傷就蓋過了舊傷。
他痛得哇哇大叫，連忙改口說自己沒有被打。
他不知道我們跟美國憲兵合作已久，彼此早有默契，就像朋友一樣。美國士兵被戴上手銬押回去之後，警局裡的員警紛紛對我表示佩服，因為他們第一次看到有人敢出手教訓美國兵，也算幫他們出了一口氣。

追尋留學的夢想

就這樣，我在台北市警察局當了一陣子的外事警察，跟老刑警們學了一些偵訊技術，也勘察不少的刑案現場，更體會到對現場偵查技術的重要。那是一段美好的歲月，有許多讓人津津樂道的回憶。

在這段期間，隨著接觸外界新知的機會增加，我愈來愈發覺自己所學不足，希望可以到國外學習更多新事物。

此外，早期警察常常依靠直覺辦案，單憑嫌犯的舉止、態度來判斷這個人的好壞。當案子發生時，只要把所有的嫌疑犯抓來警局刑訊，看哪個人先招供；如果沒有人招供的話，就帶去地下室小房間「偵訊」，對著嫌疑犯拳打腳踢或是刑求、灌水，最後有人受不了了，自然就會招供。

同樣身為警察的我，對於這種屈打成招的做法相當不以為然，我認為一個人有罪與否，應該透過證據判定，要推理、要證明，而不是靠感覺與私刑處置。所以，如何透過科學辦案，將歹徒繩之以法，成了偵查工作上的一大挑戰！可惜當時我在學校雖然受過相關訓練課程，只學到皮毛而已。這也激勵我要在專業領域上有所突破，更上一層樓！

在六〇年代，出國留學不是一件容易的事情，對警察而言，更是難上加難！再者，出國後的未來也充滿著未知數。當時我在警界工作認真，表現良好，頗受長官青睞，如果留下來，應該有不錯的前途，為什麼要放棄眼前的大好機會，而去選擇一條難走的路呢？

不過，我很早就萌生留學的夢想。記得警官學校入學的時候，我在自傳上除了寫著要追求「規規矩矩的態度，正正當當的行為，清清白白的辨別，轟轟烈烈的犧牲」，同時也表明了自己將來準備「出國留學」的目標。

在擔任外事警察的期間，我更決定要努力完成這個計畫，實現當年對母親的承諾。因此，開始積極地準備留學考試。

後來，我順利通過留學考試，但是呈報上去的留學申請卻遲遲沒有下文，試了一次又一次，仍然得不到上級的核准，眼看日子一天天的過去，內心也不禁焦急了起來……

直到有一天，我碰到好友吳東明的父親吳輝生將軍，當時擔任憲兵總司令。他問我出國手續辦理得如何，我就把目前的困境坦白告訴他。正好，他在黃埔軍校的同學是警務處處長，於是把我引介給他。

處長是將軍出身，身後有一大群隨從，看起來很威風。那天他派傳令兵把我叫進辦公室，見到我，第一句話就說：「好好的人，一表人才，應該唸軍校的，做什麼警察！」

他是警務處處長，不鼓勵我當警察，卻叫我去軍校，我心裡覺得奇怪，可是也不敢反駁他，只能回答：「是！」

處長又接著問：「那你出國唸完書之後，還要不要回來？」

這不是一個很好回答的問題，當初很多留學生一旦出國讀書，都會選擇留在當地就業；而我當時也無法確定自己的心意，到底畢業以後是否會繼續留在美國，還是回到臺灣服務。

雖然我心知肚明，長官想聽到我說出自己忠心愛國、想要報效國家的話來，但我還是決定誠實以對，就回答說：「如果這個國家需要我，那麼我就會回來；

如果這個國家不需要我，我就不會回來！」

說完這句話之後，我的內心忐忑不安，因為這樣誠實的回答很可能會惹惱長官，後果難以想像。

處長一聽，拍了一下桌子說：「很好！你說的是實話！如果你跟我說，以後無論如何一定會回來，那我便知道你在說謊，想要用諂媚阿諛的話來騙我批准公文！」

最後他在我的申請公文上簽字後，抬起頭說：「你是個誠實正直的人，我批准了你的留學申請，希望以後你無論到哪裡，都要記得，保持現在的處世態度，以誠信待人！」

後來我在美國碰到這位處長，他告訴我，他一生做過最正確的決定，就是批准我出國，培養了一個優秀的人才；他一生做過最錯誤的決定，也是批准我出國，使警界少了一個菁英，其實當時他原本是打算將我調到他的辦公室，擔任副官。

一生一世的追夢伴侶

在離開臺灣之前，命運讓我遇見了生命中最重要的人。她後來成為了我的終身伴侶，也就是我的太太：宋妙娟女士。

我太太是我的初戀。當時我在台北市警察局外事室服務，有一天，一個年輕女孩子匆匆跑來說她的簽證過期了，想要補辦延期的手續。

經過詢問之後我才知道，她是馬來西亞僑生，就讀於師範大學，由於課業繁忙，一直忘記補辦簽證，所以簽證已經過期三年了。

那天因為我手邊還有許多事情要處理，所以請她隔週再來，可是她表示，下週是期中考，沒時間過來補辦手續。

我對這女孩子印象深刻，坦白一點說，就是「一見鍾情」，因此告訴她：「那妳把電話與地址告訴我，我再跟妳連絡！」其實一般的警察哪裡會提供這麼積極的服務呢？沒想到她也很大方，留下了連絡方式。

只是，對於一個情竇初開、從來沒談過戀愛的年輕小伙子來說，追求女生真是一門艱難的學問。那時我特別請教好友吳東明及警局的一些前期學長，如何約女生出去、見面時要說什麼話……並且刻意找機會，請吳東明跟他的女朋友（也就是現在的夫人譚鏡荷女士）一起作伴出遊。

後來我得知妙娟是師大籃球隊的球員，所以閒暇時就常常拖著球友們一起去師大籃球場打球，希望有更多機會遇到她。

總算是皇天不負苦心人，我的誠意打動了妙娟，讓她同意當我的女朋友。

在交往的過程中，我們對於彼此有了更深的了解。妙娟知道警察工作相當危險，不過她也深信我是一個能夠在她身邊、勇於保護她的人。

記得我們還在談戀愛的時候，有一次她到郵局存錢，順手將錢包放在櫃檯上。我站在一旁，感覺到有些不對勁，因為有一群扒手正打算接近她。他們是團體行動，每個人有所分工，負責不同的事情。其中一人假裝填表，趁她不注意的時候把錢包撥到地上，另一個人立刻走過來，像是無意間把錢包撿起來。

我本來不動聲色，但是一看到錢包被拿走，立刻就衝上前去，逮住扒手。這個扒手又把錢包拋給另一個把風的同黨，但沒有想到「螳螂捕蟬，黃雀在後」，他們的技倆都被我識破，拿回了錢包。因為這件事，原本渾然不覺錢包被偷的妙娟更是佩服我。

我們交往了一段時間，確定了對方就是自己想要攜手共度一生的伴侶。只是，當我們各自向家長報告有結婚的打算時，我母親和妙娟的父母都抱持反對意見。馬來西亞在那個處於英屬殖民的時代，一般人對警察的印象並不是很好。

「我的女兒怎麼能跟警察結婚呢？」妙娟的父親說。

為此，他甚至寫了一封信到僑委會，投訴她女兒遭到警察拐騙，要求僑委會出面處理。僑委會接到信後，只好派專人處理，我也因此被找去接受調查。所幸，負責處理的人員與我接觸之後，很快地了解我不是壞人，就幫我說了一些好話，還開玩笑地說要把女兒嫁給我。

妙娟的父親還是不放心。為了女兒的終生幸福著想，他特地遠從馬來西亞飛來臺灣，想看看究竟是何方神聖，竟然可以擄獲女兒的芳心。當妙娟父親見到我之後，發現這個年輕小伙子很有自己的想法，而女兒更是死心塌地要求和他在一起，最後終於同意了這樁婚事。

在沙勞越的日子

為了讓岳父放心，婚後我們移居妙娟的故鄉——馬來西亞沙勞越。妙娟在當地的華人學校擔任教師，後來也被任命為沙勞越第四省婦女組織部長。

一開始我辭掉警察工作到沙勞越時，無所事事。正好當時地方的《華聯日報》在招募新記者，就前去應徵，結果被錄取了。

我們居住的城市美里是個小地方，只有兩家中文報紙發行，《華聯日報》是其中一家。報社規模也不大，除了總編輯之外，就只有我一名記者。當然，小地方也沒什麼大新聞，車子撞到路邊的狗就足以上頭條了！所以那段時間，我什麼新聞都跑，什麼新聞都寫，有時沒那麼多新聞，就聽收音機找資料。至於照片，就用其他報紙送來的墊檔。

為了充實版面，我也開始寫點散文和評論，意外地獲得好評。當時馬來西亞華人發表政論的機會並不多，也很少見。有一次我撰文批評地方上有三多：蚊子多、野狗多、野草多，引起相當大的迴響，讓省長立刻著手處理這些問題。此外，因為妙娟身兼女子籃球隊長，我就跟著寫球評。

當時我撰寫了很多文章，可惜後來報社倒了，文章都沒有留下來，相當可惜。

報社總編輯很欣賞我的表現，過了不久就幫我升官，報社的大小事情都交給我處理，從撰稿、編輯到校對，都由我一手包辦。後來總編輯身體不好，漸漸不管事，他進醫院之後乾脆把總編輯一職讓給我。就這樣，我二十五歲就當上了報社的總編輯。

當上總編輯後，我又再招聘了一名新記者，靠著我們兩個人的力量，將報社經營得有聲有色，十分受到讀者的歡迎。相形之下，另一家中文報紙的銷路不斷走下坡。為此，我們雙方甚至還打起了筆仗。

所謂「筆仗」，簡單來說，就是批評對方，挑對方的毛病。比如，當時的報紙用活字版印刷，時常出錯，那家報紙就會在他們的報紙版面上，數算我們有幾個錯字。後來，我們也用同樣的方式反擊，彼此一來一往，筆戰不休。

當時我還年輕，精力充沛，每天晚上都寫稿寫到很晚，完稿後立刻排版。另一家報館不一樣，他們的工作人員大多上了年紀，沒辦法徹夜趕稿，所以筆仗打不過我們，最後只好派人來談和。

我和妙娟兩人，一個是報社總編輯，一個是婦女部部長，在地方上都有不錯的發展。但是，我很清楚自己來到沙勞越是為了達成妙娟父親的期望，並不打算長期居住。在我心中，赴美求學深造仍然是人生中最重要的目標，這是我的夢想，也是對母親許下的承諾。

一九六五年，在馬來西亞定居兩年之後，二十七歲的我毅然決然地放下已經打下的事業基礎，而妙娟也辭掉工作，陪著我一起遠渡重洋去美國。

記得當初結婚的蜜月旅行，我們為了省錢，只找了一家觀光飯店，住了一個晚上而已。但是為了出國，我們兩人幾乎花光了所有積蓄，買下兩張前往紐約的機票，就這樣踏上了未知的旅程。

抵達紐約時，算一算，我們的口袋裡只剩下五十元美金。

●「你站在什麼起點不重要，你在人生的抉擇點做出什麼選擇很重要！」很多人以為我是鑑識天才，事實上每個案子我都仔細研究、反覆研讀資料過無數次，這些都成為經驗和知識的累積。

●除了運氣之外，我認為一個人成功與否，努力更是關鍵。人的一輩子很長，成就其實是一步一步累積起來的。

●人的一生中能夠擁有的機會有限，稍縱即逝，我常比喻機會就好像一列火車，如果搭不上，它就從眼前疾駛而過了。所以機會來時，一定要懂得好好把握。

●我熱愛鑑識工作，這份工作帶給我許多人生中特別難忘的經驗，讓我的生命充滿了意義和價值；更重要的是，它能為許多無辜的被害人伸張正義。

- 母親對我的影響非常大。從小到大，她總是叮嚀我要好好地做人，好好地做事，懂得尊重長輩，提攜後進。
- 回顧這段警校生涯帶給我的成長，其中之一是學校提供了允文允武的學習環境，除了讀書之外，還有嚴格的體能鍛鍊，為我的身體健康打下了極佳的基礎。
- 要了解自己先天的條件，不要把目標定得超過自己的極限，就不會感到失望與痛苦。每個人都有他先天的體能、智力上的 Limitations（限制），要想辦法接受它，而不是一直執著於自己能力做不到的事情。
- 我認為一個人有罪與否，應該透過證據判定，要推理、要證明，而不是靠感覺與私刑處置。

—第2章—

走向鑑識科學之路

五十元美金闖蕩紐約

剛踏上紐約這塊陌生的土地，是最辛苦的時候。妙娟和我找了一棟簡陋而狹小的公寓棲身，這間房子的大小可能還比不上一般人家的儲藏室。當我們購買一些生活必需品後，身上已沒有多餘的錢。

起初，住在美國的三姐與姐夫還對我們有些經濟上的資助，但總不能一直倚賴他們，所以等一切都安定下來後，我們就連忙外出找工作。

妙娟是師大畢業，她到美國之後，教師資格還能用，所以就在學校擔任雙語教師。後來小孩出生，也就讀同一所學校，讓她可以一邊工作，一邊就近帶小孩。同時為了貼補家用，她也到處幫人帶小孩。

我則是在讀書之餘，又兼了三份工作：白天到紐約大學的實驗室洗試管，晚上到中國餐館端盤子，週末則去武術館教老美中國功夫，靠著微薄的收入支撐家計。偶爾有其他的賺錢機會，我也絕不放過，比如我曾經替人拔草、掃地，擔任管家、司機、警衛，一天的工資是十六塊美金，這個價錢我至今仍然記得。

為了賺錢，我也考了教師執照，一共六張，時常拿著執照去當代課老師。紐約有些學校的校園風氣並不是很好，學生也不好管，其他老師都不想去。我心想，該怎麼讓學生們願意聽我上課呢？於是我每次去新的班級，就帶一塊木板，在學生面前表演中國功夫，徒手把木板劈開，然後跟他們說：「如果你們願意乖乖上課，最後我會教你們這套功夫。」結果那些中學生都很佩服我，也很聽話。

為了維持生活，我們除了努力打工賺錢，也必須省吃儉用。剛到美國的時候，我太太只會做一道菠菜炒牛肉絲，所以我們天天都吃同一道菜。此外，由於每星期只能花五塊美金買菜，每次下班或下課時，為了省幾分錢的車票，我得頂著零下幾度的低溫，走好幾哩路才能回到家。

每次深夜獨自一人走在回家的路上，常有種漫漫長路、不知何時才能到達目的地的感嘆，但也只能告訴自己，雖然這條路很長、很難走，但我絕對不能退縮，或是停留在原地自怨自艾。只要踏出夢想的一步，離目標就會更近一步；只要努力，假以時日，必定會到達終點。後來，終於在三姐的指導協助下，我於一九七五年完成了博士學位。

大池塘的小蝦米

有一次沙勞越醫院院長，也是我與妙娟在沙勞越結識的好朋友到紐約洽公，順道來探望我們。當他看到我們家裡，只有一張書桌、一張床以及幾個從二手商店買回來的簡陋家具時，不禁感嘆道：「亨利，你們在沙勞越的房子豪華舒適，還有一個大花園，可是你看看，這間公寓又小又破、家徒四壁，你們怎麼能夠忍受呀？」

他接著又說：「想當初你們在馬來西亞發展順遂，前途一片看好，為何要自討苦吃，跑來這裡受苦？難道你不願意在小池塘當一條大魚，反倒要在大池塘裡做一隻小蝦米？」

他說得沒錯。與其在小池塘當大魚，我寧願到大池塘裡面當蝦米。雖然我們在沙勞越的物質生活相當優渥，也受到當地外國人及僑界人士的敬重，但是華人在馬來西亞往往空有經濟實力，在政治及社會地位方面卻飽受歧視與排擠，長遠來看，發展有限。所以我願意放棄一切，來到美國重新開始。

妙娟是很傳統的女性，為了完成我的夢想，一直很努力配合，從來不曾抱怨，我非常感謝她的付出。很多人欣羨我們現在的生活，我總是跟他們說，不要忘了當年我們也曾熬過那些辛苦的歲月。

幾年前，我們一起度過了結婚五十週年的紀念日。這五十多年來，我們一起經歷過各種困境、面對大大小小的挑戰，彼此互相扶持、加油打氣，中國有句諺語，「夫妻同心，其利斷金」，這句話正是我們這五十幾年來共同奮鬥的寫照。

現在，妙娟退休了，她偶爾會到我辦公室幫忙，多數時間就在家裡種菜，需要的時候，就自己去院子裡拔一些菜來煮。我們現在有更多時間可以一起到世界各國去旅行、演講，到哪裡都在一起，形影不離。我出國時她也跟著去，如果有人要邀請我出國，我一定跟他們說：「我太太也要一起去，否則我不會答應。」

記得第一次去杜拜，原本主辦單位不讓妙娟同行，我說：「不行！她如果不能去，我就不去了。」

有時舟車勞頓，我還會用剛學到的按摩技巧，幫她消除疲勞；許多人看到我們夫妻感情這麼好，都會開玩笑地問道：「你們夫妻都不吵架的呀？」

「沒錯，我們幾乎沒有吵過架！」我總是笑笑地回答。

這幾年我在世界各地演講，在各種場合裡遇到許多年輕人，他們會和我討論一些人生的問題，包括戀愛。我常常對年輕人說：「談戀愛時，外貌或許很重要，但是結婚後，內在美其實比外在美重要，Physical Attraction 是短暫的，Mental Attraction 才是永恆的。」兩個人是否志趣相投、對方的品行端正與否，這些都是重要的擇偶條件。

我常常鼓勵大家，在選擇人生最重要的另一半時，一定要找一個彼此談得來，並且全心全意支持你的人。當你在外面工作受了上司、同事的窩囊氣，或是遇到不順心的事情時，如果有一個人不會罵你、不會嘲笑你，而是在身旁靜靜地聽你傾訴，耐心地安慰你，做你最堅強的後盾，這才是可以共度一生的伴侶。

二十七歲的大學生

當年我申請國外的學校時，需要附上英文成績單。由於出國的人數並不多，警校也沒有提供這樣的服務，我必須自己翻譯。

我的英文不是頂尖，對於外國的情形也很陌生，所以很多名詞都是憑自己瞎猜，隨便翻譯的，比如三民主義，就翻成 Three People's Principle。如果重新來過，我絕不會這麼翻譯，而會改成 Philosophy（哲學）。畢竟，美國一般大學哪裡知道什麼是三民主義呢？

結果，我大學時候修的許多學分，都不被承認。因此，乾脆從大學一年級開始讀起。

那一年我已經二十七歲，卻成為一名大學新鮮人，跟大一的新生們一起上課。現在回想起來，這並非壞事，更不是浪費時間。從大學一年級讀起，讓我的學問基礎打得更扎實，更重要的是，讓我對西方的基礎教育及生活文化有了更深入的了解。

去美國前，我自恃自己的英語能力不錯，曾經翻譯過不少文章，以為在國外上課、和外國人溝通應該不成問題。可是當我到了紐約卻發現，除了幾個英文單字外，大部分的日常會話都聽不懂。每次要和外國人開口說話時，總是得先想個老半天，在腦袋裡事先演練之後才敢說出口，可是等我說完後，對方往往還是不懂我要表達的是什麼意思。

美國的大學強調啟發式教育，重視學生在課堂上的發言討論，不像臺灣只是單純地聽老師上課。此外，每一門課都要參與研討及 Team Paper，透過這樣的訓練，漸漸地，我可以跟外國人對答如流。為了加強自己的聽說能力，我在大學裡也選修了不少英語課程，並且利用課餘或打工時間，抓緊機會練習。

這樣的經歷對我往後的工作生涯十分有幫助。英文是我的第二語言，因此聽到一句話後，會先在腦海中翻成母語。回答時，我也習慣用中文思考，再翻成英文，這一來一往，就花去了不少時間。平時與人交往時或許無所謂，但在法庭上可不容許這樣的節奏。尤其是出庭作證時，美國律師為了辯護，往往會不停地丟出問題，挑戰你的證詞，有時更會刻意用一些無理的問題來誤導陪審團，如果反應不夠靈敏，很容易就屈居劣勢；有時一個不慎，更會掉進對方設下的言語陷阱之中。

我見過幾位中國來的法醫，他們的專業技術不輸給美國人，可是因為語言問題吃了大虧，無法在法醫界大展身手。而我能夠在法庭上陳述鑑識的結果，在講堂上有效地發揮自己的專業知識，並且備受肯定，這一切都得歸功於就讀大學部及研究所時所受的訓練。

剛到紐約時，為了省錢，我報名了一所免學費的社區大學，一邊讀書，一邊工作，後來才轉到紐約市立大學的 John Jay 刑事司法學院。

因為起步比較晚，加上大學學費昂貴，我無法像一般大學生一樣，一學期只修十來個學分。一心只想盡快完成學業的我，第一學期便註冊了二十六個學分。

後來註冊組的職員把我叫了過去，對我說：「同學，打從我在這個學校工作的第一天起，從來沒看過任何學生在一學期內修完這麼多學分，這完全是不可能的事。你會被當掉！」

我不假思索地回答：「當掉是我自己的事情，可是你總得讓我試試看吧。我都還沒試，你怎麼知道我無法達成？」最後禁不起我的再三請求，對方才勉強同意讓我註冊二十個學分。

當時為了打報告，我花了十九塊美金買了一台小打字機。通常研究報告長達十幾頁，如果其中有錯，就得重打一份；我常常三更半夜一個字、一個字慢慢地敲打著鍵盤，打到最後兩頁時，如果突然發現幾個錯字，又得從頭來過，等到報告打完時，往往天也已經亮了。由於整篇報告重複打了好幾次，報告內容也因此記得滾瓜爛熟。

這台打字機陪了我好幾年，後來因為搬家的關係不見了，直到五年多前才在拍賣會上看到這台打字機，上面標示著「Dr. Lee's Typewriter」（李博士的打字機），最後它以四千美元的高價被買走了！

四年半完成大學及碩博士課程

一學期過後，我以全部科目都拿Ａ的優異成績結業，所以註冊人員在第二學期註冊時，也就不再找我麻煩了。

原本需要花費四年的大學課程，我只用兩年的時間就完成。許多人對我唸書如此神速都感到不可思議，但我知道這是一場與時間、金錢的競賽，必須以最快速度達到設定的目標，千萬不能因為別人說不可能，就宣告放棄，而是要全力以赴，使不可能變成可能。

當然，為了達到目標，我也放棄了很多玩樂的機會。當其他的同學週末去參加派對時，我不是在打工，就是在讀書。所以，和同學之間的互動並不多。只有在實驗室時會碰到一些大四的學生，他們對鑑識科學也是比較有興趣的。

相形之下，我在大學期間跟老師有較多的互動。為了要多修一些學分，我特別跟幾位老師商量，請他們把課程時間錯開。由於我在紐約大學擔任化驗員，自己進實驗室沒問題，不需要老師一步一步指導，因此，我會挑選別人休息的時候做實驗，如此一來，就不需要排隊和其他同學搶用器材，更有效率地完成實驗。

剛進紐約市立大學刑事司法學院時，我選修了一門基礎生物課程，上了幾堂課後，老師告訴我可以不用再修這門課程，因為我的生物知識已經超過課程所涵蓋的範圍了。

但是我和老師說：「您的學問淵博，又樂於回答學生各種問題，我希望能留下來跟著老師學習。」

除了每堂課的討論與指定作業，我還到實驗室裡做更進階的實驗，平日來不及做完的部分，就利用週末到學校進行。老師看到我沒日沒夜地往實驗室裡鑽，一副「不達目的誓不罷休」的樣子，便對我說：「亨利，看到你這麼認真、執著，對科學充滿了熱忱，我認為你是個當鑑識科學家的料！」

老師這番話，對當時的我起了莫大的鼓舞作用，我對鑑識科學研究的信念，也更加堅定。

當時，很多人都不以為然地說：「一個臺灣來的小警察，竟然想在美國當鑑識科學家？」這似乎是個遙不可及的夢想。

的確，我也可以選擇專攻犯罪學，那是比較容易的一條路，因為我在臺灣已經有了一些基礎，生物化學則是全新的挑戰。我雖然讀過物理、化學等科目，但用的課本都是中文，所以連英文字彙都得從頭學起。不過，既然我已經下定決心，就專心一志地朝著目標前進。

我在修完四年的大學課程，取得學士學位後，決定繼續攻讀生物化學碩士課程，最後在一九七五年獲得紐約市立大學生物化學博士學位。

打破玻璃天花板

研究所畢業後，我的指導教授、姐姐及母親都希望我可以從事生物化學的研究工作。但是，我最初的夢想，以及來到美國唸書的原因，就是希望可以將鑑識科學運用在偵辦刑事案件上，因此我決定不繼續從事分子生物學的研究，而是回到鑑識科學領域。

後來我申請了三所學校的教職，分別是柏克萊大學、密西根大學以及紐海文大學（University of New Haven），這三所學校都表示對我有興趣。

位於康乃狄克州的紐海文大學就在耶魯大學旁邊，開車只要大約十分鐘的路程。這所學校規模很小，經費也不多，學生大多來自當地，不像耶魯等名校，會大量招收國內外優秀學生。

多年後，不少人都跟我說：「李博士，你真聰明，選了一個最小的大學，然後把這所大學變得很有名！」

其實一開始我的教授也說：「你那麼優秀，當然是去柏克萊大學教書！」可是我想了一下，自己每天工作十六個小時，柏克萊大學的教授平均工作時間則是十八個小時，我有五十幾篇論文，他們卻有二百多篇，到了那裡，「I'm going to be nobody！」（我什麼也不是！）而密西根大學雖然是一所很不錯的學校，可是當時附近連個中國餐館都找不到，中國人怎麼能沒有中國菜吃呢？我如果去那邊教書，可能就要餓死了！

最後，我選擇了到紐海文大學任教。

在美國，有一個名詞叫做「Glass Ceiling」，翻譯成中文就是「玻璃天花板」。這是什麼意思呢？許多有色人種或是外國移民，無論工作上再怎麼努力、再怎麼優秀，還是只能晉升到某一個位階，無法再繼續往上爬，這跟他們的能力和表現無關，單純只是因為他們不是白人。這樣的不成文規定就像玻璃做的天花板一樣，雖然看過去是透明的、沒有任何阻礙，但是一旦往上走，就會撞到天花板，再也上不去了。

這種「玻璃天花板」現象在上個世紀尤其普遍。一九七〇年代的美國社會相當封閉，美國人常常歧視有色人種，而他們對於華人的刻板印象就是開餐館跟洗衣店。

當我拿到生化博士後得知，紐海文大學正在招聘一名鑑識科學系助理教授時，我認為這是一個很好的起跑點，因此帶著相關資料和論文前去應徵。

校方認為我的學歷、學術成果相當優秀，符合他們的要求，但甄選委員會中的幾位委員卻對我的語言能力抱持著懷疑的態度。同時和我一起爭取這個位子的還有另一名白人，他的學經歷並沒有我突出，但甄選委員會還是把他列在第一順位，而我則是第二順位。接下來，校方安排我們兩人進行試教，希望藉由學生課堂上的反應來做出最後的決定。結果，試教結束後，全部的學生都把票投給了我，校方不得不錄取我。

最受歡迎的老師

儘管我如願獲得紐海文大學的鑑識科學系助理教授一職，但私底下，同校的一些教授仍然對於我的語言能力表現提出了質疑：「一個在臺灣長大的黑髮黃種人，或許在實驗研究這方面表現傑出，但在課堂上，他怎麼用帶著中國腔的英語跟學生溝通？學生聽得懂他在說什麼嗎？」

身為新進的年輕老師，每次上台授課前，我心裡都很緊張。過去，我只有帶過學生做實驗，並沒有真正教書的經驗，因此授課前我必須把上課內容一句一句寫好，再統統背下來。也因為如此，我的課程比一般照本宣科上課的老師有趣多了。

為了證明一個說英語帶著腔調的中國人也能把書教好，我花了比別人多好幾倍的時間和力氣準備課程，並且找了許多實際案例，來印證課本上枯燥生硬的科學理論。

剛開始教書的頭幾年，教學器材還算簡單，除了寫黑板，就是用投影儀。投影儀的照片是黑白的，所以很難看，我必須徹夜加工，為圖片加上顏色。一直到後來有了幻燈片，這些工夫才省了下來。

此外，我也負責許多基礎課程，從早教到晚，教學上的負擔幾乎是其他同事的兩倍。這跟學生的身分有關，由於警察的工作需要輪班，一週上日班，一週上夜班，我們得配合學生的需求，將同一門課程，早晚重複教兩次，以確保沒有學生因工作而錯過。後來我還兼任州警的工作，必須學校、警局兩頭跑，工作時間更長。

不過，我的努力贏得了學生的敬重與愛戴，第一年，就獲得了年度最傑出教授獎，隔年學生又再度評選我為最傑出教授。到了第三年，同學們還是要投票給我，但我拒絕了提名。我對他們說：「請把機會留給其他優秀的教授吧！」

鑑識科學這門學科不只需要理論上的基礎，更需要有實際工作經驗，否則很容易淪為紙上談兵。為此，我試著與當地的警察局及地檢署連絡，表示可以免費提供鑑識服務與諮詢。雖然我一再保證，我們的實驗室和儀器設備相當新穎，所有的鑑識程序也跟州政府的鑑識實驗室完全一致，但一開始仍然無法說服他們，把化驗的工作交給我們。

雖然警局與地檢署不願意合作，我並沒有因此而灰心喪志、感到氣餒，有一天我靈機一動，想到：「何不試試看公設辯護律師？」

在美國，聘請律師打官司的費用昂貴，不是每個人都能負擔得起，為了讓每位嫌疑犯得到公平的審判，政府因而設置了公設辯護律師處。這裡的律師與檢察官的薪水都是由政府支付，免費幫忙清寒人士辯護，但也因為經費有限，往往無法請到收費昂貴的物證專家出庭作證，所以當公設辯護律師處聽到我們可以免費提供協助時，自然是喜出望外。

就這樣，我不但讓系上的學生有機會實際接觸案件證物、在實驗室裡進行化驗工作，還能幫助許多弱勢族群，避免他們因為請不起有名的物證專家，而蒙受不白之冤。漸漸地，我們實驗室在當地建立相當不錯的口碑，後來甚至連一開始拒絕我的警政機關，也主動找我們合作。隨著服務的案件愈來愈多，我不但能帶著學生將理論與實務互相結合，更開始出庭擔任專家證人，向法官與陪審團解釋這些科學證據的價值。

和學生打成一片

在授課教學之餘，我也常跟學生們打成一片，許多學生在生活中遇到挫折、感到情緒低落，或是失戀時都會來找我聊天。我會聽他們訴苦，說一些人生的道理，乘機開導他們，就算三更半夜也來者不拒。

記得有個學生叫 George，某天半夜突然來敲我家門，原來是他剛剛失戀。他對我說：「我沒有了女朋友，現在只想自殺！」我連忙把他帶進家裡，同時請我太太煮點咖啡，和他徹夜長談。

我看著 George 說：「你這麼優秀的男生，是對方配不上你。」我又假裝看他的手相，告訴他：「你命中註定會找到一個更好的伴侶。」就這樣，講了幾個鐘頭，終於讓他放寬心，回家休息。

因為有這群學生跟我一起努力，慢慢地，建立了教學與研究的基礎。我很樂於照顧學生，盡全力提供他們最好的教學品質，偶爾他們也會給我意想不到的回饋。

當年我跟太太都在教書，兩人的工作都很忙，沒有太多時間照顧小孩。平時小孩都搭校車上下學，我規定他們回到家時要打電話給我的秘書，確認平安無事。

有一天，我的秘書突然匆匆忙忙跑進教室，說是我女兒有急事，要我立刻接聽電話。

我心想：「發生什麼事了？」於是讓全班自習，先回辦公室處理。

接起電話後，女兒告訴我：「有一群人在房子外面偷葉子。」

我很納悶，「偷葉子有什麼關係呢？又不是什麼大事！」就交代她把門窗關好，待在家裡。但轉念一想，偷葉子也許只是第一步，誰曉得接下來還會發生什麼事？於是決定回家看看，結果發現，是一群學生在幫忙清理庭園。

我們住的地方在美國東北部，園子裡有很多大楓樹，一到秋天，楓葉有紅有黃，非常美麗，但不久落葉繽紛，成千上萬的葉子就會落滿地，我們平常沒有時間打掃，這群學生知道了，就特別來幫忙。

回到辦公室後，碰到院長，他問我家裡剛才發生的事情。他一聽，很驚訝地說：「這群學生恨不得要殺了我們，居然還會幫你掃落葉！」

我與這群學生，畢業之後依然保持連絡，他們很多人都很有成就，有些人已經從工作崗位上退休了，我仍然在紐海文大學教書。雖然中間因為有其他要務在身，必須減少授課的時數，但每個學期我都至少開一門課。

曾經有一位年輕朋友問我：「李博士，您走遍大江南北，覺得最快樂的是什麼事？」

我告訴他：「我在全世界都有學生，是最令我感到快樂的事情。」

我有一位來自德州的學生，畢業後當了警察局長，每次只要他從德州返回康州探親時，一定會來我家探望我。

我跟他說：「你跟家人這麼久沒見面了，應該去看看他們，不要每次都先往我這邊跑！」

但是這位學生總是回答：「李博士，您改變了我的一生，您不但是我的恩師，更是我這一生中最重要的人。」

另外一位從事律師工作的學生，在得知我計畫建立國家現場培訓中心時，二話不說，立刻捐助了一百萬美元。當我向他表示謝意時，他回答：「您曾經幫助我求學，現在輪到我像您當年一樣，幫助更多的年輕人求學！」

每次聽到那些已畢業許久、在社會上闖出一片天的學生們這樣說，我總是感到無比的欣慰。

回顧這幾十年的教學生涯，我很開心能貢獻出一己之力，培養了這麼多優秀的鑑識人才，將這門學科發揚光大。後來紐海文大學開始招收國際學生，我也想辦法成立獎學金，讓來自各地的年輕警察都有機會前來受訓。現在，我的學生遍及全球，除了美國、臺灣、大陸之外，還包括歐洲、非洲及阿拉伯國家，許多學生不僅表現優異，也大有成就，甚至成為該國鑑識領域中的權威。曾經有人跟我開玩笑，說我的影響力比很多國家的警察局長還要大。

推廣鑑識科學

進入紐海文大學後，除了教書之外，我常常投稿給鑑識科學期刊，積極推廣以科學技術協助鑑識科學、重建現場的觀念，在短短三年內，我也從助理教授升為副教授，進而成為終身職教授。

在學術圈，一個不是在美國土生土長的華人，可以在短時間內有這樣的成就實在不容易，我的表現甚至跌破了當初那些不看好我的人的眼鏡。

近十幾年來，「鑑識科學」已經成為一門相當重要的學科，無論是偵查辦案或是法庭審理，它都扮演了不可或缺的角色，隨著美國CSI等電視影集的走紅，更吸引了許多年輕人想要投身於這個領域。可是，當我剛開始教書時，這一行卻是連一本教科書都沒有，只能靠自己摸索。

當時鑑識科學（Forensic Science）相當冷門，每次有人問我從事什麼工作，我回答之後，對方的臉上就會開始出現一臉困惑的表情，所以我只好再解釋，「我當教授。」

這時，有些人會好奇地問我：「那你教什麼？」

我說：「Forensic Science」。

於是，有的人接著問：「Foreign Something？那你一定會講很多語言？」

「是呀，我會講幾種語言！」

「你一定常常旅行？」

「是呀，我的工作要到處跑，所以還滿常旅行的！」

「哎呀，你做這個外交工作一定很有趣！」

結果搞了半天，對方還以為我從事外交方面的工作。

另外，我還碰到有些人問：「你一定很懂得花草樹木?!」

「是呀，我是懂一些！」

「那你一定常常到樹林裡面去，對吧？」

原來他們以為是「Forest」！可見當時鑑識科學是多麼冷門，一般人連「Forensic」這個字都不知道。但這並不影響我對於鑑識科學的滿腔熱情，我進入紐海文大學時，鑑識科學系才剛成立沒多久，什麼化驗儀器都沒有，更別說實驗室了！我努力向學校或外界爭取更多的研究經費，並且和學生們找了一間教室，一起利用週末的時間粉刷、裝修，當作系上的實驗室。

加入州警行列

在紐海文大學教了三年書之後，我的努力備受肯定，不但獲得終身教職，並且擔任鑑識科學系系主任。

美國雖然是重視人權的國家，但早期因缺乏科學辦案的技術，警察在辦案時常會採取私刑審問的方式，讓犯人俯首認罪。一九七〇到一九八〇年間，美國有愈來愈多的高等法院案例，限制警察用刑訊的方式來取得口供，所以透過科學方式來檢視證據的鑑識科學，開始受到高度重視。

由於當時具有博士學位與實務經驗的鑑識專家實在少之又少，我的工作頓時變得搶手，來自全美各州的邀約也紛沓而來，希望我能去當地協助偵查案件，紐海文大學也一躍成為在鑑識領域中數一數二的大學。

有一天，康州州長突然打電話邀請我與他共進午餐。為此，我還特地請太太幫我把西裝燙平，隔天準時赴約。

當天到了餐廳，州長與我寒暄幾句後就切入正題，表明希望我能出任康乃狄克州警政廳刑事化驗室主任，並擔任康州首席鑑定專家，帶領整個化驗室團隊，建構一套以科學為基礎的刑事鑑識流程。

推廣鑑識科學可說是我這一生的心願，能夠實際參與政府單位的鑑識運作，並且貢獻我的專業和所長，共同提升鑑識科學的素質，我怎能拒絕呢？

那時化驗室主任的年薪一萬九千元美金，比起我在大學教書的薪水，差了許多，但我仍欣然接下這份工作，展開了一段篳路藍縷的日子。

在一九七八年代，擁有刑事科學實驗室的地方很少。康州也一樣，州警化驗室是由一間男廁改裝而成，裡面只有一台老舊的顯微鏡與一些基本的化驗工具，鑑識團隊的成員只有兩名警官與十七位員警。

上任之後我才發現，在這所刑事化驗室裡的文書鑑定人員，眼睛竟然看不清楚，而聲紋人員的耳朵有些毛病，另一位負責驗血的工作人員則是每次看到鮮紅色的血液，身體就抖個不停。

原來早期化驗室是所有警察機關裡階級最低的一個實務單位，沒有人願意來這裡，所以在化驗室裡工作的都是一些因公受傷的警察，他們無法繼續在外面巡邏，就被丟到化驗室裡養老，等著退休。

即便如此，我並沒有放棄這些被遺棄、忽視的員工，我將他們帶回學校上課、進行訓練，並且重新分配工作內容。

我對負責文書鑑定的員工說：「你的眼睛看不見，耳朵聽不聽得見？」

「Yes, Sir！我的耳朵沒問題，絕對聽得一清二楚！」

「好，那你學聲紋辨識！」

接著我又對負責聲紋的員工說：「你耳朵聽不見，那眼睛看不看得見？」

「報告長官，我的眼睛好得很！」

「好，那你去學文書鑑定！」

於是，這些沒有人理會的老弱殘兵，在這裡找到了他們的第二人生。雖然他們無法從事第一線的偵查，或是跟歹徒面對面的搏鬥，但透過學習與訓練，仍然可以在鑑識科學方面貢獻一己之力，同時也找回了自信心和成就感，他們工作非常認真努力，現在都成為業界相當知名的鑑識專家了。

對抗歧視與偏見

憑著不屈不撓的意志力和努力，我以中國人的身分，漸漸在美國闖出一片天。乍看之下，我的事業一帆風順，但當時的美國是一個以白人為中心的社會，對於非白種人，或多或少抱持著歧視的態度。我雖然身為大學教授，又擔任州警的實驗室主任，仍然不時因為自己的出身背景而被挑戰、輕視。

記得剛開始教書的頭幾年，有一次副校長請我吃飯。他是哈佛大學畢業，留在母校教了幾年書後，轉到紐海文大學任職。

我接受了他的邀約，當晚就開車帶著太太一起赴約，因為擔心迷路而遲到，所以刻意提早出發。後來順利找到副校長家，由於時間還早，我跟太太先把車停在路旁，等待約定好的時間來到，再去敲門。

不久，有兩名白人跑來，敲了我們的車窗，說：「你們在這裡幹什麼？」我覺得莫名其妙，就回答他們：「不甘你們的事。」（None of your business.）

他們大概很驚訝，沒想到一名華人竟然敢這樣對他們說話，於是很生氣地說：「你們必須離開。」

我當然不肯。

結果他們又威脅要通報警察，我說：「你們叫吧！我不怕。」

不久後，兩名警察來了，要求檢查我們的證件。

我說：「為什麼？」

他們說：「你們不能把車停在這裡。」

我立刻回道：「憑什麼我們不能停在這裡？Show me the law.」（給我看看法條。）

美國警察都必須依法行事，他們聽我這樣一說，只好說：「這是一個高級社區，你們有什麼事情嗎？」

顯然，他們不認為華人應該出現在這裡。我不服氣地對他說：「我來的地方比這裡更高級。」然後向他們說明狀況。

結果兩位警察不願離開，一前一後地待在原地盯著我們看。一直到約定的時間到了，我和太太兩人前往副校長的家，其中一個警察還跟隨著我們進去，想要親自跟副校長確認我的身分。

副校長一聽，馬上說：「他是我的客人。」

像這樣的例子還有很多。比如在我的工作領域，美國的司法體系有所謂「陪審團制度」，開始參與案發現場的鑑識工作後，我常需要在法庭上作證，向陪審團解釋鑑識的過程與結果。

在雙方的法律攻防當中，專家證人的資格常常是容易被對方攻訐的地方，只要陪審團對你的資格產生懷疑，那麼你的證詞可信度極可能大打折扣，到時被採信的機率也就降低許多。

剛開始，因為我沒有太多出庭作證的經驗，所以對方律師常常會在陪審團面前質疑我的專家資格，我的英語就成了最佳的攻擊箭靶。

「李博士，您說您是從臺灣來的？」對方律師問道。

「是的！」每次上法庭自我介紹時，我一定會提到自己的家鄉。

「難怪剛剛你說的英文我聽不太懂！」律師說完，看了一下陪審團，再盯著我看，等著看我怎麼回應。

我笑了一笑，轉頭問坐在旁邊的陪審團成員說：「你們聽得懂我剛剛說的話嗎？」

陪審團成員跟法官紛紛點了點頭。這時我回過頭來，對對方的律師說：「在這法庭內好像只有你聽不懂我說的英文，看來這就是你的問題囉！」

對方律師一時語塞，半晌答不出話來。

被鑑識學會拒於門外

對於膚色的歧視，就連在專業團體中也不能避免。

在美國法庭上，專家證人的資格相當重要，你的學經歷、參與過的案件或是任何獲獎、證書等，都可以提升專家證人的地位，進而增加陪審團對你的信任程度。「美國鑑識科學學會」（American Academy of Forensic Sciences）是一個在鑑識科學領域中具有高知名度的專業學會，凡是能獲准加入的會員，就表示在這個領域受到肯定，享有崇高的地位。

早期我參加了這個學會所舉辦的學術活動，當我一進會場，發現裡面清一色都是白人男性，只有我一個人是黃皮膚，而整個活動進行中，我老是覺得許多人有意無意地對我投以注目的眼光。

活動結束後，我心想自己擁有博士學歷、也是大學教授，參與了不少鑑識案件，入會應該不困難，因此填妥了入會申請表送出。有位學會理事看也不看一眼，就直接把申請書還給我，「你的資格不符！」

當下我心裡也明白，這是一個以白人男性為主的場合，我不夠格的原因不是學歷或專業，是因為我的膚色。後來我向學會申訴，他們才勉為其難地接受我為臨時會員。

自此之後，我在工作上更是加倍努力，除了在學校授課之外，還義務幫公設辯護律師進行證據鑑識，並且提供諮詢服務。無論時間多晚、路途多遠，每一個案件我都親自到現場採證，所有證物更是再三檢驗，生怕遺漏了任何一個微小的細節。我想要以自己的專業與實力來證明，一個中國人是能夠在鑑識科學領域中成功地佔有一席之地，以膚色來評斷一個人是大錯特錯的事。

其實能夠廣納人才正是美國國力強盛的基礎，很可惜當年學會的人並沒有從歷史中記取教訓。說來有趣，三年之後，美國鑑識科學學會頒發給我最高的鑑識科學成就獎，五年後我還擁有該學會終身會員的資格，並且邀請我回去演講。在演講中，我以自己過去曾被拒絕於門外的經驗為例，告訴大家，一定要敞開心胸，不能心存偏見。

這些年來我在演講時常常被問到：「華人在美國社會中遇到的最大挑戰是什麼？如何在這樣的環境中成功？」

要在美國社會生存，必須要了解美國的歷史與風俗習慣，也就是中國人常說的「知彼知己」。我常舉一個例子，以前我剛來美國半工半讀時，週末去武術館兼差教老美中國功夫。美國人人高馬大，相形之下，我們東方人的個子比較矮小，所以雙方較勁的時候，絕對不能對他們展開正面攻擊，而是必須先攻他們的下盤。那麼高大的一個人，下盤肯定沒有個子小的人穩，下盤不穩，就很容易摺倒他們了！

另外，許多早期移民到美國的華人，他們的生活圈就在中國城裡，包括工作、吃飯、購物都在裡面，他們看的是華語電視台的節目，平時往來的也都是中國人，甚至講國語的一群，講廣東話的又是另外一群，組成各自的小團體，很少說英語，也不跟老美打交道，完全不了解外面的世界是什麼樣子，就這樣封閉地過了一生。

抱持著這種自我局限、不願意走出去的心態，怎能在美國社會上立足、成功呢？在老美的眼中，華人給人的印象就是聰明、勤奮，但是常常單打獨鬥，各自為政。現代社會講求 Team Work，也就是團隊合作，大家依據各自的專業分工合作，把事情完成，所有的成就與功勞也是屬於這個團隊的，而非一人獨享。我在美國工作了半輩子，就是抱持著這樣的理念。

領導團隊

在擔任刑事科學實驗室主任，以及後來擔任其他主管職位時，我常常帶領一個或是好幾個團隊，裡面的成員來自不同的種族，有白人、黑人、墨西哥裔、拉丁美洲裔，當然也有亞裔的黃種人。他們擁有不同的文化背景，要把這些人聚集在同一個團隊裡，同心協力地合作，並讓他們願意聽從我的指揮，是一項極大的挑戰。

一開始有兩位白人警察知道新來的主管是華人，立刻表現出抗拒的態度。其中一人在跟我接觸過之後，態度逐漸轉變，可是另外一位堅持不願合作。我把他找來辦公室，告訴他，若是不願意在華人手下工作，就只有請他離開。

他以為我在開玩笑，所以表現出滿不在乎的樣子。於是當天下午，我便將他調到其他單位。

他很驚訝，立刻回來找我，說他改變了心意。可是調職的命令已經下了，無法改變，我只好告訴他，幾個月後再看看是否有機會將他調回來。

為了能說服下屬的心，我也曾經試圖利用各種不同的方法。

當時我們實驗室裡，有一位負責指紋鑑定的資深鑑識員一向獨來獨往，不和其他人打交道，也不想學新的科技，平時就待在化驗室裡，用傳統的指紋刷和指紋粉進行指紋顯影，任何新方法都沒有興趣嘗試。

有一天我拿著最新的指紋辨識儀器到他的化驗室，「這台儀器採用的是最先進的技術，可以在短時間內完成比對，而且準確率達百分之九十五以上。」

這位資深鑑識員瞄了那台機器一下，然後抬起頭來看著我，「我在指紋鑑識這個領域十幾年了，我永遠只相信我自己的經驗，至於那些科學儀器一點也不可靠！」語畢，他又繼續埋首研究那些從案發現場採集回來、大大小小的指紋。

不可否認，經驗的累積的確相當可貴，但是如果所有的案子都完全採取人工比對，不用儀器輔佐的話，案件處理的速度只會變得更加緩慢，尤其對當時還有很多案子尚未偵破的康州鑑識實驗室來說，更是如此。

「所以你不相信這類先進的科學儀器，也對它沒興趣？」我又問了一次。

鑑識員回答道：「我不相信，也不想學！」

這時我想了一下，便接著問道：「那你相不相信看相呀？」

那位指紋鑑識員愣了一下，心想怎會有這麼奇怪的問題，「絕對不信！這是你們中國人瞎編出來的，一點也不可靠！」

「這樣呀，還是我們來試試看！你把手伸出來給我看，我幫你看看，順道分析一下！」

這時只見那位鑑識員滿臉狐疑，用手抓了抓頭，又看看自己的手，想了一下，便把右手伸出來給我看！

我假裝很認真地端詳了一會兒，告訴他：「你有腳氣，對吧？也就是所謂的香港腳！」他聽我這麼一說，頓時滿臉通紅，我又接著說：「你再把左手給我看看！」

「嗯……你兩隻腳都患有香港腳，而且右腳比左腳嚴重多了！」我鐵口直斷地說。

「李博士，你怎麼這麼厲害，從手相就可以知道我的身體狀況！能不能也請你教教我怎麼看相？」原本說話有一搭沒一搭的鑑識員，開始跟我熱絡了起來。

「教你看相，沒問題呀！不過能不能請你先研究一下那台新的指紋辨識儀器，試試看這些新技術對我們有什麼幫助。等你都了解了，我就教你！」我笑笑地說道。

打從那天開始，鑑識員很努力地學習那些新技術，不但對儀器的操作瞭若指掌，也開始將這些新科技運用到自己的指紋比對工作上，加速了證物處理的速度。

幾個月過去了，那位鑑識員終於忍不住跑來找我，「李博士，你不是說要教我看相嗎？」

「哎呀，真不好意思，我忙到都忘了這回事！」我連忙道歉。

「其實，看相只是推測。當時我看了你的手掌，發現表皮底下有些水皰，邊緣有些許鱗屑，這表示黴菌已經在表皮層下蔓延開來；可是黴菌通常喜歡長在陰暗潮濕的地方，怎麼會跑到手上呢？於是我推測應該是你在抓腳趾時，從腳底移轉過來的。」

接著我又補充道，「之後我又看了你的另一隻手，發現兩隻手的表皮下面都有黴菌，但左手比右手更嚴重，因此我推斷你右腳的症狀應該比左腳還來得嚴重！原因很簡單，如果右腳比較嚴重，一定常會用手去抓癢，那用的會是哪隻手呢？左手！所以左手黴菌感染的狀況自然會比右手要嚴重些。」

那位指紋鑑識員聽完我的解釋後恍然大悟，原來看相這回事也就是跟看現場一樣，只需要多細心觀察，再加上足夠的專業知識，便能夠做出令人心服口服的推論。從此他工作更努力，也對我更是言聽計從。

有人問我：「你一個黃皮膚黑眼珠的中國人，怎麼有辦法帶領這些美國人？」其實道理很簡單，管理之本就是管人，管人就是要管心，管心就是管己，管己之根就是待人，而我做人處世一向都是「以誠相待」。無論對方的種族、膚色、性別、背景或是年紀如何，我一律坦誠以對，也不會因為對方官階比我高，就改變自己的態度，刻意去迎合對方。

任職於刑事科學實驗室主任時，我有一個「開門政策」，每星期都會挪出半天時間，打開辦公室大門，讓部屬或民眾可以直接來找我，無須經過層層關卡，或是長期間的等候。

很多人做到管理階層後，就開始用嘴巴跟下巴做事，也就是遇到任何事情只需要動動嘴巴，或是抬抬下巴、指揮一下就行了！自己則以「管理者」自居，沒事就找大家來開會、訓話，或是叫屬下報告工作進度，出了錯就找個人來當替死鬼。

或許下屬會礙於上司的威權，不得不聽從你的命令，但一旦你沒有了職位做靠山，這些部屬根本不會理你，甚至連招呼也不跟你打。想要屬下聽命於你，就要讓他們心悅誠服。

在鑑識科學這個行業裡，做到主任等級的主管，通常都不會親自做實驗。而我當主任那段期間，每次案子發生的時候，總是與第一線的鑑識人員一同趕到現場採證、化驗；如果遇到情況比較特殊的案子，我甚至帶頭衝第一個，絕對不會讓下屬獨自承擔風險。

其實，不管是任何行業，如果單靠一個人的力量是絕對成不了事的，需要一個好的團隊，一起同心協力地打拚才行。後來，我因為成功偵破許多棘手的案件而受到媒體的讚譽，但我總是再三強調，案子不是我一個人破的，我只是整個偵查團隊裡面的一分子，或是協助刑警破案的角色罷了。

也許就是因為這樣，我贏得了工作夥伴們發自內心的敬重，多年後，即使我已經不是他們的頂頭上司，他們還是對我保持極為友善、尊敬的態度。

● 談戀愛時，外貌或許很重要，但是結婚後，內在美其實比外在美重要，Physical Attraction 是短暫的，Mental Attraction 才是永恆的。

● 在選擇人生最重要的另一半時，一定要找一個彼此談得來，並且全心全意支持你的人。當你在外面工作受了上司、同事的窩囊氣，或是遇到不順心的事情時，如果有一個人不會罵你、不會嘲笑你，而是在身旁靜靜地聽你傾訴，耐心地安慰你，做你最堅強的後盾，這才是可以共度一生的伴侶。

● 這是一場與時間、金錢的競賽，必須以最快速度達到設定的目標，千萬不能因為別人說不可能，就宣告放棄，而是要全力以赴，使不可能變成可能。

● 我在全世界都有學生，是最令我感到快樂的事情。

● 現代社會講求 Team Work，也就是團隊合作，大家依據各自的專業分工合作，把事情完成，所有的成就與功勞也是屬於這個團隊的，而非一人獨享。

● 管理之本就是管人，管人就是要管心，管心就是管己，管己之根就是待人，而我做人處世一向都是「以誠相待」。無論對方的種族、膚色、性別、背景或是年紀如何，我一律坦誠以對，也不會因為對方官階比我高，就改變自己的態度，刻意去迎合對方。

● 不管是任何行業，如果單靠一個人的力量是絕對成不了事的，需要一個好的團隊，一起同心協力地打拚才行。

—第3章—

抽絲剝繭，讓證據說話

秒殺破案

擔任刑事科學實驗室主任時，我開始與康州的警方有密切的合作，也有愈來愈多機會，處理許多棘手的案件。在我數十年的鑑識工作生涯當中，一共經手了超過八千個案件，如果要一一細數，恐怕要好幾本書才寫得完。過去也曾經有一些作家和出版社和我合作，把其中一些精采的案例，整理出版。這些案件帶給我無數難忘的回憶，也給予我許多人生的啟發。

當刑案發生後，檢警單位往往得背負著被害者家屬及社會大眾期望的壓力，想辦法在最短時間內，蒐集檢視物證，找出嫌疑犯，並且將他起訴。然而，案件偵辦速度往往無法盡如人意，少則數天，多則數年，甚至有些成為了冷案（Cold Case），只能歸檔備查，等待有朝一日水落石出。

我這一生經手這麼多案件之中，破案時間最短的是一件謀殺案，僅花了兩秒的時間就破案。

有天傍晚九一一勤務中心接獲報案，一名婦女疑似昏倒在家中，報案人是她的先生。當救護車抵達現場時，發現這名婦人已經沒有脈搏和呼吸，而警察與鑑識人員進入死者家中開始蒐證時，她的丈夫說道：「我下班回來時，就發現我太太倒臥在臥室門口，一動也不動，所以我趕緊打電話叫救護車！」

「你今天一整天去了哪裡？」警方問道。

依照經驗來看，發現屍體的人涉案可能性通常比較高，所以警方必須先確認死者丈夫的行蹤。

「我一整天都在上班。」丈夫回答。

「那麼你知道你太太白天有什麼行程嗎？或是有誰要來找她？」

「我中午吃完飯，曾經打了通電話回家，但是沒人接，不知道是不是我太太出門去了……」

此時我也趕到現場協助蒐證，蹲在屍體旁邊查看，死者並沒有大量出血或是刀痕，但是在脖子上發現了勒痕，所以我推斷可能遭到兇手以繩索勒住脖子，窒息而死；同時我也發現死者右手小拇指的指甲前端撕裂，有一小片不見了。

打從我蹲在屍體旁的那刻起，我就察覺到死者丈夫不時地往我這裡看，神情怪異，似乎擔心我會找到什麼東西，與一般死者家屬哀傷悲痛的反應大不相同。

我乘機觀察了一下死者丈夫的衣著，沒見到沾有血跡或其他不尋常的破損，不過他的長褲是有摺邊造型的休閒褲，也就是褲管末端是摺起來的。於是我請丈夫把褲子換下來讓我們採證，果不其然，在他褲管摺邊裡，找到一片指甲，化驗之後是屬於死者的。原來妻子被他勒住脖子時死命掙扎，致使手指指甲斷裂，掉進丈夫褲管的摺邊裡面，這起兇殺案也隨即宣告偵破。

一直到現在，我仍然記得當那片斷甲從褲管摺邊裡取出時，死者丈夫驚訝又慘白的臉孔，並且在幾秒鐘內供出殺妻的經過……他在事前精心的佈局，卻萬萬沒想到，這片偶然掉落在褲管摺縫中的指甲竟然露出了破綻，成為指證殺人的證物，這也使得他不得不承認犯罪的事實。

獨居老人謀殺案

有人說美國是小孩的天堂、青年人的戰場、老年人的墳場，許多老人都是孤苦零丁，一個人獨居，也因此常成為社會的犧牲者。

我曾參與過一個美國老太太被殺的案件。這起案子乍看之下，只是普通的老人兇殺案件，並未受到世人矚目，從未在當地的電視台、報紙上出現過，也無人關心。

這位獨居在康州一個小鎮上的老太太，有個女兒遠在加州，母女感情不好，亦不來往，平時自己一個人住，鄰居看她孤單無依，常常會帶些烘烤的餅乾去她家，陪她聊聊天。

有一天晚上，隔壁鄰居烤了個蘋果派要送去老太太家，按了門鈴後，卻不見老太太來開門，鄰居等了好一會兒，覺得情況不太對勁，試著推了推門，發現門竟然沒上鎖，所以走進去查看，沒想到老太太全身血跡斑斑地倒在廚房的地板上，似乎已經沒有呼吸和心跳，鄰居嚇了一大跳，趕緊打九一一報警。

警察來到現場後，發現老太太身中多刀、倒在廚房地上，於是馬上要求州警兇殺專案小組進行調查。當我抵達現場後，發現廚房地板相當乾淨，沒有大量血跡，看起來有被清洗過的痕跡，兇手犯案後似乎花了不少時間清理現場，一點也不在乎是否會被其他人發現，因此我推斷兇手應該與老太太熟識，並且非常清楚她的日常作息。另外，老太太身中三十多刀，而且很多刀傷是死亡後才被刺的，一般小偷被發現而失手殺人絕對不會在屋主死後還刺下這麼多刀，這個兇手要不是精神有問題，就是犯案時嗑藥、毒癮發作，才會下手如此殘忍。

之後我們進行現場採證，在廚房地板上找到了幾個球鞋印，從尺寸來看，絕對不是屬於老太太的，於是我們做了進一步的分析，並且與鞋子製造商的資料庫比對，確定了這些鞋印是某個品牌的鞋款留下的。

通常兇手犯案後一定會趕緊清理自己身上的衣物，不是藏起來就是丟到垃圾桶，為了爭取破案時間，我要求刑警隊長立刻集合手下兩百多名刑警在附近展開嚴密的搜索，尤其不能放過城裡所有大大小小的垃圾桶。

當我下達這道命令後，隊長用手抓了抓頭，面有難色地說：「李博士，現在外面正下著大雪，而且又一片黑漆漆的，能見度非常低，在搜索上困難重重；而且深夜動員兩百多名警力，這要花一大筆加班費，對財政已經有些困窘的州政府來說會是一大負擔。」

我立刻向他曉以大義：「我知道這樣的要求會讓你很為難，但是你想想，這位無辜的獨居老太太莫名地被殺，會造成民眾多大的恐慌呀！唯有第一時間趕緊破案、抓到兇手，才能讓大家安心！我們警政廳裡總共有兩千多名警力，動用其中兩百位去搜索，一點也不為過！如果我們現在不趕緊加班找到證物，到了清晨，垃圾車把所有垃圾都清走，只能去垃圾場找，工作量就會更大，證物也更難找到了。要抓兇手就要快，掌握時間真的很重要！至於加班費，由我向州長爭取！」刑警隊長聽了我的話，立刻著手進行。

警方於是展開大規模搜索，不到三十分鐘後傳來捷報，有位員警在老太太家附近超市旁邊的垃圾桶裡找到了一雙尺寸、品牌皆與案發現場鞋印一樣的鞋子，上面還沾有血跡。經化驗後，確定這是老太太的血跡，因此我判定這雙鞋應該就是兇手在犯案時所穿的。他很可能在這附近買了一雙新鞋，再將舊鞋拋到附近的垃圾桶裡，因此我要求刑警請超市鞋店的老闆到警察局一趟。

那時是凌晨四點多，老闆在半夜裡被吵醒，還被請到警局問話，一臉不高興地走進來。

那個超市老闆看到我，滿臉怒氣頓時轉為喜悅，「嗨，李博士，沒想到你也會在這裡？你破案神速、待人又好，一直是我心目中的英雄呢！」他希望可以跟我照相留念，並且幫他簽名。

我說：「老闆，簽名、照相當然沒問題，不過有件事情要先請你幫忙！昨天晚上我們接獲報案，一位老太太在自己的家中被殺，現場留有鞋印。我們剛剛在你的超市附近的垃圾桶裡找到了這雙鞋子，想請你幫忙查查，昨天下午四點到晚上七點這段時間，是不是有人到你的店裡買了同樣尺寸的新鞋？」

根據老太太的鄰居們表示，有人在下午四點左右還看到過老太太，而送蘋果派的鄰居則是晚上七點多發現老太太陳屍在家中的廚房，因此我們推斷兇手應該是在下午四點到晚上七點這段時間，進入到老太太家中犯案。

很幸運地，超市老闆查到在那段時間內，真的有人買了跟這雙一模一樣的鞋子；更幸運的是，他是用信用卡付錢，所以我們直接透過信用卡的資料找到了一個年輕人，員警立即趕往這個年輕人登記的地址，那時還不到清晨六點。

那位年輕人一開門，看到好幾個荷槍實彈的員警站在門外，立即就俯首認罪，承認老太太是他殺的。

原來老太太是年輕人的遠房姑媽，平日很少往來。前一晚他毒癮發作，沒錢買毒品，所以又去找姑媽要錢，但是老太太不肯，他一時失手，將她推倒在地，結果老太太昏迷不醒。他因為怕東窗事發，加上當時已喪失理智，索性拿刀殺人滅口，還徹底清理了現場。就這樣，這件案子很快速地在黎明破曉之前破案了，只用了短短不到十二個小時的時間。兇手被捕後，不僅化解了當地民眾的不安和恐懼，社區裡的居民都非常佩服警方的高效率辦案。

有些人或許無法想像，我竟然為了一個沒沒無名的獨居老太太被殺，大費周章地召集兩百多名員警漏夜加班，在下著大雪的深夜裡摸黑進行地毯式大搜查，事後沒有讓任何媒體報導知道，也沒有人向警方道謝。

這就是我的原則——「案子不分大小、人不分貧富貴賤」，秉持著全力以赴的工作態度。有些警察或是檢察官會因為手上的案子是轟動全國的超級大案，辦成後有助於日後的升遷，所以優先處理，而將一些無名小案擱置在最後，這種選擇性的辦案心態是萬萬不可有的。我們從事鑑識科學，不能只為有錢人辦案，面對沒錢沒勢的弱者，一樣要盡最大的努力，鍥而不捨地追查出真相。

面對被害人家屬

我曾經遇過一個案件，是一位先生在家中被人殺害。案發的時候，他的太太和女兒正好外出購物，回到家後，發現從沙發到走廊、樓梯，一路上都是血跡，死者身上中了七十多刀，雙手、雙臂有許多抵抗的傷口，死狀甚慘！

當地的警察調查之後遇到困難，於是央請鄰近警局協助。他們派出的重案小組前往調查之後，希望我能親自到現場走一趟。

我去到現場後得知，死者原本是海軍陸戰隊退伍的軍官，身強體壯，研判也許是小偷闖進家裡，和他發生衝突，所以將他殺害，過程中可能還經歷過打鬥。從現場遺留的多枚鞋印來看，犯案者最少有三人，而且可能是兩男一女，我們將物證與鑑識結果交給刑警，希望能早日將兇手逮捕歸案。

可是刑警遲遲未能破案，所以死者的太太寫信給警察局，警察也無能為力，只能告訴她已經盡力追查。那位局長接著把責任推到鑑識中心，並將我的地址電話給了家屬。於是這位太太開始寫信給我，責備我們為何不破案，一定是沒有好好努力。我告訴她，整起案件正在調查之中，請她耐心等候。

後來她不知道從什麼管道得知了我家的電話，每天晚上十二點，就打電話到家裡，質問我：「案子還沒有破，為什麼你睡得著覺？」接著又找上了州長，州長也愛莫能助地對她說：「李博士已經盡力了。」

後來有一次，在偵辦另一起竊盜案的過程中，我從地毯上看到一個鞋印，腦海中突然靈光一閃：「這不就是當年看過的鞋印嗎？」

這起竊盜案，因而跟兇殺案連結起來，我們懷疑兩起案件的兇手其實是同一個人。因此，從竊盜案的現場指紋、ＤＮＡ一路追蹤，最後找到兇手，兇手供出與他一起行兇的另一對男女，一併偵破了那件兇殺案。

後來我出庭作證，被害人的太太就坐在第一排聆聽。結束之後，她一路追著我，我只好停下來。

她將我攔下來之後，很誠懇地說，聽完我的證詞之後，她才知道當時我們為了這個案件，付出了很多的時間和很大的心力。她因為一時衝動，寫了那些信，打了那些騷擾電話，覺得很難為情。

我告訴她，我能夠理解她的心情，請她不要放在心上。我們一般人，就算是碰到普通的偷竊案件，都會期盼早日破案，更不用說是牽涉人命的兇殺案了！身為鑑識人員，對於被害人家屬，必須抱持同理心，寬容以待。當然，也有很多人並不了解鑑識人員在案件偵查中的角色，誤以為我們是刑警，因而抱持過高的期待。

在犯罪現場，我看過無數慘絕人寰的景象，一開始也會有生理和心理的反應，久了以後，就得訓練自己，必須跟現實抽離。但人是有感情的，惻隱之心也是與生俱來，看到別人的不幸，還是會難過。尤其，當我碰到一些殺人案件，被害者是孤苦無依的老太太，或是沒有反抗能力的小孩，心裡總是特別難過，不明白兇手為何如此狠心，竟然下此毒手。

紐約發生九一一恐怖攻擊事件時，我也被警方找去災害現場協助鑑識工作。被害者當中有許多是警察同仁和消防人員，其中一位不幸喪命的消防總隊長，正是我的朋友。我們要協助鑑定友人的屍體殘骸，那種心情更是筆墨難以描述。

「人非草木，孰能無情」，但是在鑑識現場一定要拋開個人的情感，保持冷靜，專注於眼前的工作，並且用客觀的角度來處理問題，確是鑑識人員必經的修煉。

靈媒不靈

因為從事鑑識工作的關係，我看過無數的屍體，其實屍體並不可怕，可怕的是氣味。屍體腐朽的氣味，一般人常常受不了！但累積的經驗多了，我也慢慢發展出應對之道。

記得有一次去現場做鑑識，我們發現四個人及一隻狗的屍體。死者已經在一間房子裡被殺害好幾天，屍體都膨脹起來，而且不斷傳出臭味。我要進去之前，深呼吸了一口氣，然後屏住呼吸。跟我同行的一位刑警隊長和一位法醫比較缺乏經驗，他們看我沒有戴面罩，就跟我一樣不戴面罩走進去，結果一進去屋裡，一個人吐了，另一個人當場昏倒。

很多人好奇，我看過這麼多犯罪現場，是否曾經發生什麼靈異事件？我總是說：「我經手八千多個案件，從來沒有鬼來找我，沒有神來幫我，也沒有死者託夢過。」

我的膽子一直很大，從來就不怕鬼，也不相信有鬼。過去我曾經碰到一些法醫，說他們辦案前都需要先喝酒壯膽，我心想：「喝了酒之後，還能夠清醒地做鑑識工作嗎？」我從來不這樣做。有些人喜歡蒐集我用過的物品，說可以避邪，這是他們一廂情願的說法。

我也沒有特定的宗教信仰。我母親是虔誠的佛教徒，所以我從小就接觸佛教。到了美國，開始慢慢接觸基督教與天主教；之後為了辦案所需，我也研究過伊斯蘭教、猶太教等教義。只是當別人問我信什麼教時，我都回答：「我只信睡覺。」

不只是東方人會求助神明，美國警察辦案遇到瓶頸的時候，有時也會「不問蒼生問鬼神」，尋求靈媒的協助。到底靈媒說的話可信嗎？我的經驗是，有時準，有時不準。

有一次警方偵辦一起案件，被害人是一名牙醫師，失蹤了好幾天。當時他老婆已經和他離婚，但仍然不斷地向他要錢，兩人有一個女兒，也帶給他很大壓力。後來警方研判，牙醫師應該是自殺，只是遍尋不到他的屍體。

他的父母不相信自己的兒子會自殺，非得要見到屍體不可！因此，當地警察局局長只好找我幫忙，即便如此，我們也沒找到任何蛛絲馬跡，案情還是沒有什麼突破。

後來，警方找來了一對在美國相當知名的靈媒，希望他們能夠提供一些線索，協助破案。

靈媒來了之後，宣稱屍體就在天花板上。我們心想，天花板上確實有查過，但是也許沒有徹底地清查，所以又回到現場。那間房子的天花板，隔熱裝置用的是舊式石棉纖維，一被刺到很容易就過敏，所以在拆卸過程中，花了一番工夫。然而，還是找不到屍體。所有參與的工作人員都傷痕累累，多位還送進醫院治療，自然對靈媒產生了不滿。

沒想到他們雙手一攤，對我們說：「我們只有說在天花板上，並沒有說是在這一間房子的天花板啊。」讓人為之氣結。

最後，屍體是在房子後院的草叢中找到的，跟靈媒說的天花板毫無關係。

不過，也有另一個例子。這起案件發生在路易斯安娜州，一對夫妻的兒子有天突然失聯，他的父母怎麼也聯繫不上，於是報警，但警察也找不到人。

隔了一天，在附近的垃圾場，有兩人送來一張沙發床。垃圾場的管理員見沙發床的狀況還不錯，就把沙發床留了下來，準備再轉賣出去。後來不久有人把這個沙發床買回去，就在運送回去的路上，沙發床突然彈開，裡頭跑出一具屍體，嚇得他們立刻報警。警方一查，原來就是那個失蹤的兒子。

在辦案的過程中，警方同樣找來前面那一對知名靈媒，請他們協助辦案。靈媒也沒提供什麼特別的資訊，只要求去被害人父母家附近的一個路邊去等。結果在途中，發現一輛紅色的車子停在路邊，就是被害人的車子。

原來，兇手是兩個失業的男子，因為缺錢，就要女友去路上勾引男人，把他帶回家，兩人再聯手毆打受害者，要求對方花錢消災。可是沒想到，這一次下手太重，竟然不小心打死了這名失蹤的受害者。為了掩飾犯罪痕跡，他們才把屍體藏在沙發床中拿去垃圾場丟了。

靈媒說的話是巧合嗎？我不知道。不過我一向認為，在辦案的時候，如果太過相信這些靈媒說的話，很可能反而被誤導了偵辦方向。

桌腳理論

破案有時候要靠靈感、直覺，我自己就有很多這樣的經驗。但鑑識工作最終還是要講究科學，必須奠基在事實和證據之上。所以，比起靈媒，我還是寧可相信鑑識人員的訓練和技術。

很多電視媒體或是報章雜誌總喜歡稱我為「神探」，似乎我手中握有什麼神秘的力量，才能屢破奇案。其實在案件偵查當中，觀察力是很重要的。透過仔細觀察所找到的蛛絲馬跡，可以協助我們做出各種的推論，甚至引導我們，挖掘出真相。

熟識我的人都知道，我對於如何破案，有一套所謂的「桌腳理論」。

什麼是「桌腳理論」呢？簡單來說，偵查刑事案件就像在打造一張桌子，需要四支桌腳才能站得穩；否則，無論這張桌面的材質再怎麼好、再怎麼漂亮，一旦缺少這四支桌腳，就無法構成一張桌子。同樣的，案件調查也需要四根支柱才有可能偵破，就是：現場、物證、人證以及運氣。

當一件刑案發生時，案發現場能否被完整地維持與保護，對於日後得以順利破案，扮演著相當關鍵的因素。這也是為什麼刑案現場會拉起層層的封鎖線，禁止非相關人員進入，甚至連與該案無關的員警、長官都不能越雷池一步。唯有如此，我們才能完整地保留案發現場，讓鑑識人員得以重建現場，找尋到相關可靠的證據。

第二根支柱是物證，現場的勘查人員要能夠判斷哪些是有效的物證？是否有法律與科學上的效用？能否提供破案線索？而不是把現場所有大大小小的物件統統都帶回實驗室。

第三根支柱就是人證，辦案人員必須要與社會大眾及各方人士合作，從被害者的親友、目擊證人、嫌犯、線民、臥底員警以及媒體等來源發掘線索，並且判斷這些線索的真假，找到罪證確鑿的人證，取得有效的證詞，作為呈堂證供。

當上述三個條件都具備時，還需要一點運氣。

有些案件可能蒐集了上百、上千條線索，但因為少了那麼一點運氣，無法建構出完整的案發經過。這就跟我們玩拼圖一樣，有時因為缺少幾片關鍵性的圖片，而無法完成整個拼圖的樣貌。雖然運氣很抽象，像是可遇不可求的東西，但是為了破案，我們還是要盡力去追求它，而這時就得倚靠觀察力，以及手機通聯紀錄、電腦郵件、監視錄影系統和資料庫來調查。

舉個例子來說，在某個刑案當中，有個人身中兩槍，陳屍在荒郊野外，路過的人發現後立即報案。鑑識人員到了現場，看到這位死者是頭的後半部中槍，所以絕對不是自殺；死者穿的長褲在膝蓋部分沾有泥土，因此推論可能是遭到處決式的槍殺；而他手腕上價值數萬元的勞力士手錶還在，所以，可以判斷這起兇殺案跟搶劫應該沒有關係。

當我抵達現場時，鑑識人員正把屍體裝袋，準備運回實驗室交給法醫驗屍。在那一瞬間，我瞥見死者的手握得很緊，好像手裡面抓著什麼東西，於是我請鑑識人員把死者手裡的東西取出來，結果一看，是家小旅館的鑰匙。我立刻派刑警到那家旅館查看，當時遇到一個人匆匆忙忙地上車準備離開旅館，他一看到警車前來，立刻加速往反方向逃逸，而這個人就是殺死那名死者的兇手。

原來這名死者是個毒蟲，他帶著大把現金在旅館與毒販交易，因為雙方起了口角，被毒販給槍殺了，將他棄屍在荒郊野外。

這起兇殺案能夠在很短的時間內破案，就是所謂的運氣。如果當時我沒有立即發現死者手中的鑰匙、馬上派刑警過去旅館，後續要追捕兇手就會變得相當困難。其實這把鑰匙在法醫驗屍時也一定會被取出，然後送到鑑識中心仔細地檢驗，可是這已是好幾天之後的事情，那時兇手早就已經逃之夭夭！就算最後逮捕到兇手，勢必也耗費了警方大量的人力與物力。

追根究柢，這起案件是因為運氣好才迅速偵破嗎？倒不如說，這就是善加運用現場觀察力的結果。

觀察力的訓練

身為鑑識人員，心思一定要細膩，從案發現場仔細地觀察周遭事物，找出蛛絲馬跡，包括那些「多出來」以及「不見」的東西，如此一來，才有辦法重新建構案發現場，找到充分的物證、人證，進而利用DNA、指紋、油漆、槍彈資料庫、情報及社會大眾的力量，逮捕到兇嫌，偵破案件。

除了鑑識人員之外，一般人的工作也需要敏銳的觀察力，例如中醫看病，有所謂的「望、聞、問、切」，透過把脈、察言觀色等方式來了解病人的情況；當老師的，無論在課堂上或課後，都需要多加留心觀察，才能掌握學生的學習狀況，調整自己的教學進度；或是我們平時投資理財，也得具備這樣的觀察力，不但要緊盯投資標的，還必須觀察財經趨勢，了解市場動態、國際情勢等等。

既然觀察力這麼重要，那麼要如何培養和訓練呢？簡單地說，就是要從最小的地方看到最大的地方，從最近的地方看到最遠的地方，以及從最大的主題看到最小的細節，只要按照這幾個不同的邏輯去思考、歸納與演繹，平日多做自我訓練，漸漸地，就可以培養出敏銳的觀察能力。

為了培養更多優秀的鑑識人員，我在美國、臺灣與大陸等地都設立了獎學金，鼓勵成績優異的警校學生到紐海文大學研究深造。早期我甚至讓這些學生住在我的家裡，跟著我一起上下課、到案發現場實地採證。

有天，一個臺灣來的學生獨自一人在家，想要自己炒飯吃，炒到一半時他發現冰箱裡沒有蔥，趕緊去後院拔了幾根蔥，但沒想到，他一離開廚房，後門就自動關上，上鎖了！

廚房裡面的爐子還繼續燒著，並且已經開始冒煙，如果不趕緊關掉，一旦煙霧偵測器發出警報，可是會立即連線到當地的消防局。於是他靈機一動，用石頭把窗戶玻璃打破，衝進廚房關上火爐，為了怕被我發現這件糗事，還急忙找工人來家裡，把破玻璃換掉。

晚上我回到家之後，看到家裡似乎不太對勁，便問道：「今天有沒有發生什麼事？」

學生遲疑了一下回答：「沒有，一切都很好！」

「哦，是這樣嗎？你是不是自己做飯，大概是爐子起火了，趕緊打破玻璃進門？」

「老師，您怎麼知道？」學生驚訝地問道。

「這很簡單，就看現場嘛！廚房的天花板之前都保持得很乾淨，可是我發現今天卻沾了些油煙，那應該就是起火所造成的；然後，廚房後門的玻璃一共有六塊，其中一塊卻特別新，所以很容易聯想到發生什麼事了！」

學生聽完直呼：「老師，您真的太厲害了！」

我笑笑說：「這沒什麼，只要用一點心，就可以觀察得到！」

另外分享一個有趣的例子。

我太太妙娟常常跟她的朋友抱怨說，我好像隨時都在監視她，因為我雖然每天早出晚歸地工作，但只要一回到家裡，就有辦法知道她白天做了什麼事情！其實我沒有什麼超能力、也沒有在家裡裝監視器，只要下班後幫太太倒垃圾時，看看家裡的垃圾桶內容物就知道了！

所以，想要擁有「觀察力」並不困難，只要你平時多花一點心思去留心周遭的事物，看報、讀書時，多用頭腦去思考，就可以培養出敏捷的觀察力。

參與世紀大案，聲名大噪

隨著我參與的案件愈來愈多，我在美國警界的名氣也愈來愈大。但是一般社會大眾會認識我，是因為我參與了幾件轟動全美的重大案件。我在這些案件上的專業表現，很快地引起媒體的注意，也讓愈來愈多美國的民眾認識我。

我參與的第一起大案，是威廉·甘迺迪被控強暴的案子。

甘迺迪家族在美國向來是數一數二的望族，除了財力雄厚，也是一個政治世家，約翰·甘迺迪在二十九歲時當選為美國第三十五屆總統，他的兩位弟弟羅伯特與愛德華分別出任參議員。

一九九一年春天，甘迺迪家族成員都聚在佛羅里達棕櫚灘的豪華別墅裡度假。有天晚上，愛德華和兩名姪子麥克與威廉，一同到鎮上一間知名的酒吧喝酒跳舞；由於三人氣質不凡、相貌出眾，許多年輕女孩紛紛主動上前搭訕。

麥克與其中一名女子先行離去，愛德華也因為時間已晚，所以獨自開車回家，酒吧裡只剩下威廉與另一名當晚結識的女子——派翠西亞。酒吧打烊時，兩人便離開酒吧回到別墅，手牽著手在沙灘上散步。

但是隔天派翠西亞卻向警方報案，指控遭到威廉強暴，她說前一晚在別墅後院被威廉推倒在水泥地上，雖然她奮力掙脫，最後仍然被威廉抓住，強壓在草地上強暴達十五分鐘之久。威廉立刻遭到警方逮捕，由於這起案件的涉案人是甘迺迪家族成員，因此大批媒體蜂擁而至，頓時成為全美民眾關注的焦點。

當警察詢問威廉時，他堅持當晚兩人發生關係完全是你情我願，並沒有強迫或是將派翠西亞推倒在地上的事情發生；只是當他告訴派翠西亞以後不想再跟她見面後，派翠西亞像著了魔似的，不停地搥打他，還拿了他家裡的一張照片與一隻花瓶就匆匆離去。

當時甘迺迪家族辯護團中的一位律師是我以前的學生，他打電話給我，希望我能出任辯方的專家證人。對我來說，全美國每天有那麼多人死於兇殺案，幫他們找出兇手、繩之以法都來不及了，哪有時間去處理這個豪門醜聞？

辯護律師見我一點意願也沒有，連忙說：「李博士，甘迺迪家族堅信威廉是清白的，他們願意支付高額的顧問費給你的實驗室，請你證明他的清白！」

當時因為康州鑑識實驗室經費拮据，亟需外援資助來購買新儀器及培育鑑識人才，如果我接下這個案件，所得報酬就可以支付這些費用。幾經考慮之後，我說：「好！我願意擔任甘迺迪家族的專家證人，但是有幾個條件希望你們能遵守：第一、我只根據事實進行陳述，甘迺迪家族不能干預；第二、甘迺迪家族及所有辯方律師皆不能任意修改我的調查報告；最後一點，請甘迺迪家族將我的酬勞全數捐給康州警政廳刑事科學實驗室及紐海文大學。」

他們答應了我開出的條件，於是我成為辯方的專家證人，負責檢視檢方的所有證物。由於這個案子牽扯到甘迺迪家族的聲譽，所以檢方還特地將所有物證送到佛羅里達州警局化驗室以及聯邦調查局刑事化驗室，進行複驗的工作。DNA檢驗結果，確認在派翠西亞內褲上的精液是威廉所有。

檢視完所有物證，確認威廉與派翠西亞當晚的確有發生性行為，接下來要查證的是，這個性行為是雙方出於自願？抑或是被強迫的？

我前往甘迺迪家族別墅的後院，查看案發當時派翠西亞被推倒的水泥地，以及強暴案發生時的草地。如果派翠西亞確實被推倒在水泥地，又被壓制在草地上達十五分鐘，那麼她的衣物應該會有破損，而且一定會沾到水泥地上的灰塵或是泥土、青草的汁液。

為求慎重起見，我拿出了隨身攜帶的白手帕，在草地上用力抹了幾下，又向隨行的律師借了手帕，擦了一下水泥地；在化驗了這兩條手帕之後，確定如果曾被壓在地上，一定會沾上水泥地與草地的微量物質，可是這些物質在派翠西亞的衣服、內褲上完全找不到，而且她的衣物也非常完整，沒有破損的痕跡。

法庭上的妙問巧答

我以專家證人的身分為甘迺迪案出庭，報告我的調查結果時，除了解釋微量物質轉移的理論之外，也拿出我在案發現場用來實驗的兩條手帕，展示壓在草地的那條手帕上的確沾有青草汁液，而在水泥地摩擦的那條手帕，則有灰色的摩擦痕跡以及布料纖維破損的跡象。

這時陪審團有幾位成員點頭示意，有些人開始竊竊私語，檢察官發現我的證詞無懈可擊，情急之下，竟然大聲質問我：「李博士，手帕與內褲完全不一樣，你應該要拿女性內褲來比對，怎麼會用手帕呢？」

的確，手帕與內褲看起來確實是兩種不同的物品，但是它們的纖維與成分都屬於棉織品，所以用手帕代替內褲並不會有任何問題。我不想落入檢察官的圈套，做無謂的口舌之爭，於是回答：「我是個正常男人，沒有隨身攜帶女人內褲的習慣，平常身上只帶著手帕。」

語畢，全法庭裡的人哄堂大笑！檢察官滿臉通紅、一時語塞，只能草草結束交叉詰問。

陪審團最後採信了我的專家證詞，判決威廉甘迺迪強暴案不成立。許多人都認為是我幫甘迺迪家族洗刷了冤屈，也有人認為甘迺迪家族用錢買到最好的專家證人，而我在法庭上的那段機智回答，更成為家喻戶曉的名言，以及法學院授課的案例。

在法庭上，檢辯雙方的攻防常常是殘酷而血腥的，當你的證詞無懈可擊時，對方便會開始從你的言詞中「雞蛋裡挑骨頭」，或是攻擊你的專家資格、學經歷，甚至進行某種程度的人身攻擊。許多在美國的專家證人出庭時，常因為行為不檢點、語言或專業的關係，無法隨機應變，而吃了不少悶虧。

在這起甘迺迪強暴案中，面對檢察官幾近無理的質問，我選擇不直接回答他的問題，而是質疑他問問題的動機，讓他陷入進退兩難的窘境，最後只能摸摸鼻子，結束詢問。所以，在案件的偵辦審理中，除了要能提供專業客觀的鑑識報告之外，出庭時的語言應變能力也相當重要。

美國是一個民族大熔爐，住著許多來自世界各地的移民，大家說話時都會帶著家鄉的口音，在法庭上也都是如此，法官、律師與檢察官的英語發音未必純正，陪審團裡更常見來自各地的移民，有些還是第一代移民。

我在美國生活了三十多年，英語還行得通，但畢竟英語不是我的母語，或多或少還是會有些口音。不過，我一點也不引以為恥，每次出庭坐上專家證人位子時，總會先介紹自己是從臺灣來的中國人，而我的「中式英語」也是一大特色，有時反倒能拉近與陪審團之間的距離。

許多人因為自己的英語不好或是發音不純正而覺得矮人一截，甚至不敢在公開場合說話；我就看過周遭的朋友，在華人的聚會裡說起話來滔滔不絕、辯才無礙，可是一旦跟白人開會時，卻變得唯唯諾諾、講話聲音小到像是蚊子叫，也不敢與對手辯論，糾正白人對華人的歧視與誤解，這是錯誤的心態造成的。

辛普森殺妻案

一九九四年發生「辛普森殺妻案」震驚了全美，被公認為「世紀大審判」。當時，著名美式足球明星ＯＪ．辛普森疑似涉入這個令人髮指的兇殺案件，也因為他的黑人身分，引起美國黑白種族之間的對立。

辛普森的辯護律師透過一個和我非常要好的法醫朋友聯繫上我，「李博士，您之前參與過的案件令人印象深刻，您的專業能力更是無庸置疑。我手邊現在有一宗大案子要請您幫忙，如果您願意出馬，我們打贏的勝算就會非常高了！這個案子就是最近很熱門的ＯＪ．辛普森案……」

「誰是ＯＪ．辛普森？」我問。

「您不知道ＯＪ．辛普森嗎？他是全美當紅的足球明星！現在因為涉嫌殺害前妻和她的男友而被捕，外邊新聞可是炒得沸沸揚揚，所有的美國人都在談論這件事情……」辯護律師訝異地說。

老實說，我平常忙到沒什麼時間看電視，所以對那些運動賽事、名人緋聞等，一概不知。

辯護律師接著又說：「我和辛普森談過，他堅稱沒有殺害那兩人，而且從他的證詞與手邊證據來看，我認為辛普森極有可能是無辜的。但洛杉磯警方現在急於將他定罪，所以蒐集了許多不利於辛普森的證據。為此，辛普森將不惜重金聘請全美最優秀的律師與專家，組成所謂的『Dream Team』（夢幻團隊），為他洗刷冤屈。他會全額負擔您到洛杉磯的來回頭等艙機票、五星級飯店住宿以及所有費用。」

當時因為紐海文大學鑑識科學系亟需教育經費，辛普森也同意設立更多獎學金，因此，在與州長報備之後，我便加入了辛普森的辯護律師團隊。

美國的司法審判採陪審團制，根據檢辯雙方在法庭上的陳述與辯論，陪審團再以投票表決方式，達成判決結果。過程中，雙方除了列舉對自己有利的證據之外，還會聘請專家證人出庭作證；另外，也會透過交叉盤問的程序，質問對方的專家證人。通常律師會想盡辦法博取陪審團的好感，並且抨擊對方的律師團與專家證人，藉此降低證詞的可信度。

由於這個案件備受矚目，警方承受著來自四面八方而來的壓力，他們誓言一定要將辛普森定罪，也因此對辯方所請的每位專家證人展開身家背景調查，並且日夜跟蹤，極盡所能地找出污點，迫使他們拒絕出庭作證，或是降低其證詞的可信度。我自然也不能倖免，當我決定參加辯方律師團的消息傳出之後，便察覺到有人二十四小時跟蹤我。甚至連在臺灣的同事和長官都接到來自美國檢方的電話，表示因為我要申請一份政府單位的工作，需要進行背景調查作業。

我這一生做人端正、行事清白，檢方自然查不出任何可以誣衊我人格的地方。

此外，我也保持一貫立場，對於委託人，先將醜話說在前面：「身為科學家，我當專家證人有一個原則：無論是為檢方或辯方作證，我都只為證據說話，不會針對是否有罪下任何判斷；也就是說，如果證據對被告不利，身為被告的專家證人，在法庭上我依然會據實以告。」

李氏量尺

到了出庭那天，我步上證人席陳述調查結果，並且實地展示了幾項實驗，好幾位陪審員因為我當場示範血液的噴濺模式而驚呼連連。

到了交叉詰問時，檢察官先是不懷好意地對我笑了笑，接著拿出一支用在犯罪現場蒐證的尺，問道：「李博士，請問這是你的尺嗎？」

我看了看那把尺，上面印有我的名字與實驗室名稱，雖然覺得檢察官的問題很突兀，但我還是回答：「是的，這把尺是我的！」

「所以你都用這把尺檢視證物，是嗎？」檢察官接著問道。

「沒錯！」

「李博士，你知道你用來審視證物的這把尺，它的量測標準有誤差嗎？我們將你的這把尺送到國家標準局進行檢驗，並且又找了三位博士，花了一星期的時間再三確認，得到的結果是，這把尺比標準局的度量衡少了千分之一吋！也就是說，你之前所做的檢驗報告都有誤差！」檢察官得意洋洋地說。

乍聽之下，他這樣的指控等於是質疑我的專業，同時也讓我的報告出現疑點，但是我處變不驚，立刻反擊：「我報告裡的最小單位只列到小數點的後一位，也就是十分之一吋，從來也沒列到小數點的後三位，千分之一吋呀！何來誤差之有？」

我再補充道：「我實驗室裡的這些尺都是向一家 American Lighting 的公司採購的，如果你有任何疑問或是要告這家公司違反國家標準局度量衡的話，就請直接去找他們！」

搶在檢察官問下一個問題之前，我又接著說道：「為了這把尺，你們花了納稅人這麼多錢、這麼多時間，Who gives it a shit!（誰鳥它呀！）」

話一說完，包括法官、陪審團以及現場旁聽的民眾都哄堂大笑，檢察官臉上一陣青一陣白，最後只好草草結束詰問。

隔天，全美各大媒體紛紛以「李博士的尺少了千分之一吋」為標題，大肆報導這段精采的交叉詰問過程，而我的尺也成為「熱門商品」，連參與此案的法官與律師們都開價一百美元，希望向我購買一把「李氏量尺」以茲紀念。

當時我也就順水推舟，在給他們一人一把尺的同時，請他們把一百元的支票捐給我服務的康州鑑識實驗室。

審判結束後，我陸陸續續收到來自全美各地的信件，有些人還附上支票，表明想要購買這把「李氏量尺」，算一算應該超過一萬五千封，後來太太也開玩笑地說：「當時如果好好經營這個事業，現在應該已經變成百萬富翁了！」

美國是一個崇尚民主但是非常兩極化的社會，根據調查，辛普森殺妻案審判進行時，全美有百分之八十的黑人相信辛普森無罪，但有百分之八十的白人認為他是有罪的。

由於我手邊的所有證據都無法證明辛普森的妻子是被他所殺害，所以法官與陪審團採納了我的證詞，將辛普森無罪釋放！

當時許多黑人都熱烈稱讚我，有些白人則批評我，但時間久了之後，無論是黑人或白人，他們都對我表現出尊敬的態度，因為無論我站在檢方或是辯方，我的證詞永遠是一致的，我只根據事實作陳述。

從事鑑識工作，最重要的就是保持中立，有幾分證據說幾分話，絕對不能受任何黨派或是外來的壓力所影響。

福斯特謀殺案

一九九三年七月二十日，白宮助理顧問文森．福斯特被人發現陳屍於華盛頓郊區的瑪西公園。身為白宮的高層幕僚長，福斯特的死亡引起外界諸多揣測，到底是自殺還是他殺？是不是柯林頓謀害他的好友？背後的動機為何？……這種種問題若不盡快釐清，不但對當時剛入主白宮六個月的柯林頓政府造成巨大衝擊，更會在美國政壇掀起一場後果無法預期的政治風暴。

兩年過去了，福斯特命案仍懸宕未決，充斥著許多疑點。一九九六年春天美國國會成立了一個超黨派的調查委員會，負責該案的史塔檢察官與我聯繫，希望我抽空協助這樁命案的調查工作，並擔任首席鑑定專家。我正因為擔任ＯＪ辛普森殺妻案辯方的專家證人，飽受媒體與外界騷擾，使得許多原訂計畫無法如期完成，而且還遭到各界有心人士的惡意攻訐與抹黑，所以對於史塔檢察官的邀請，一開始沒有很大的興趣。不過，由於我與史塔檢察官素不相識，談話結束前，我好奇地問他：「你為什麼會想到找我？」

史塔檢察官回答：「這個命案在全美國鬧得沸沸揚揚，牽扯層面廣泛，我需要一位有公信力的專家，能夠公正客觀地檢視所有的實體證據，並做出令各方信服的結論。」

此時，我的決心開始動搖了。一直以來，我深感自己在美國求學、工作，曾受到許多人的幫忙，並沒有因為華人身分而遭受排擠，再加上身為新移民的我對國家的安定也有責任，所以最後接受了他的請託，參與命案的調查。

在重新檢視命案現場以及所有的證物，並且與其他幾位法醫博士、鑑識專家討論後，我們一致判定「文森．福斯特使用父親遺留下來的左輪手槍，自殺身亡」。

參與命案調查的這一年期間，我收到成千上萬封信件，以及難以計數的「問候」電話；共和黨希望我說出這樁命案是柯林頓幕後指使的證詞，民主黨則要求我背書，說明福斯特的死與柯林頓無關。

但是，身為鑑識專家，我必須秉持著科學的精神，保持客觀的立場，實事求是，絕對不能受「政治」勢力所左右，雖然我在共和黨與民主黨都有許多交情匪淺的好友，在偵查案件時，一定不會讓這些「人情」牽扯其中。

這些飽受矚目的案件，由於涉案人特殊的身分背景，辦案人員在偵查過程中往往會受到許多外力的干擾，例如政治力量的介入，或是媒體輿論的過度評論、社會人士的立場分歧，這時我們要更客觀、仔細地審視各項證據，絕對不能因為某個黨派或特殊利益團體暗中施壓、國會議員的過度關心，或是社會輿論的壓力，而產生先入為主的觀念，對某些特定證據視而不見，誤導了辦案的方向。

堅持客觀立場，讓證據說話

以前在紐約中國城曾經發生過這麼一個案子。有一天，一位華裔的豆腐店老闆正準備打烊時，店裡忽然衝進了一個攜帶槍械的幫派分子，原本他已繳過規費，對方又要求他立刻交出保護費。由於當時店裡還有老闆的小孩與高齡八十歲的母親，為了家人的安全，他在情急之下，從抽屜裡掏出了防身用的手槍，一連開了十幾槍，卻因此被指控蓄意謀殺，背負了十八項罪名。

這名豆腐店老闆的老太太相信兒子並不是一個生性殘暴的人，他之所以會連續開這麼多槍，完全是為了保護家人。為此，她透過朋友找到我母親，希望我可以幫她兒子洗刷冤屈。

同一時間，我的秘書也接到承辦這件案子的檢察官電話，希望我可以幫他出庭，證明這是預謀的華青幫互相殘殺的血腥案件。

這下子，雙方都說我可以代表他們出庭，該怎麼辦呢？法官只好舉行了一個聽證會，會後，他寫了一段摘要，大意是，「我非常同意李博士的觀點，鑑識專家的立場應該是超然、客觀的，他不代表檢方或是辯方，他代表的是正確的科學，是國家社會及全體人民。由於美國司法制度是一個諮詢的體系，但是美國法律制度規定鑑識專家只能代表其中一方，我相信李博士的高尚人格，他自己一定會決定要代表哪一方出庭。」

在我審視過所有的物證、人證及相關的證詞之後，我認為這名老闆並不是蓄意連續開這麼多槍，再加上老闆的母親直接連絡了我母親，說明她兒子平時待人寬厚、孝順顧家，並不像警方所稱的是一名冷血兇手，希望我可以幫她兒子洗刷冤屈。最後我決定代表辯方出庭，這名老闆在我的作證之下，從身負十八條重罪的殘暴殺手，被陪審團判決無罪、當庭釋放，理由是我提出的「Snake Theory」（遇蛇理論），而這個案子也成了美國法院一個很經典的判決案例。

什麼是「Snake Theory」呢？如果有個人跟他的媽媽、太太、小孩在後院突然看到一條蛇竄了出來，而剛好他手上有一把鏟子，為了家人的安全著想，他一定會拿著鏟子往蛇的身上打，但他會只打幾下就停止了嗎？一定不會！通常他會不停地打這條蛇，直到蛇不動為止，因為這是人類出於恐懼的自然反應，在那當下，這個人已經完全失去了控制心理及精神的理性，他不間斷地毆打蛇，只是出於保護自己與家人的本能反應。

不同於臺灣的專業法官制度，美國司法所採取的是陪審制度，這樣的法庭程序就像交響樂團，法官是樂隊指揮，律師、檢察官則是音樂家，至於鑑識科學家就像樂器一樣，有的是小提琴、有的是大提琴、有些是鋼琴，這些樂器要發出什麼樣的音色，端看音樂家們如何演奏。換言之，在法庭上，這些科學家們不會也不應該有任何預設立場，完全是依照律師詢問及科學證據來回答。

很多鑑識專家或警務人員為了塑造自身的專業形象，常常會表現出一副「所有狀況都在我掌握之中」的樣子，甚至主觀行事、妄下定論，這樣的作為不但影響參與辦案團隊的公信力，有時還會嚴重延誤案件的偵查進度。因此我總是一再對學生與下屬強調，辦案不能預設立場，必須力求客觀，讓證據說話。

我的鑑識生涯中，雖然也碰到一些遭受言語攻擊的狀況，但是比起其他鑑識人員，已經算是很幸運了。我有一些同行，曾經接到有人寄來一條切下來的豬腳，作為恐嚇，我還不曾碰過這樣的情況。有些犯人甚至還會感謝我，因為我在法庭上公正地發言。

我的原則是，在工作上，除了蒐集對被告不利的證據外，一旦發現有利於被告的反證，同樣要據實以告。如果遇到證據不明確、無法解釋的狀況時，就必須誠實地說「我不知道」，等待之後找到更多證據時，再下定論。

良好的信譽是做人的根本道理，「有多少證據說多少話」對從事鑑識科學的人員來說更是重要。如果沒有良好的信譽，所做出來的鑑識結果勢必缺乏可信度，難以贏得法官、陪審團與社會大眾的信任。

我為州政府工作了三十年，經歷過五任州長，每一次只要新州長上任，多數的州政府高級官員一定會被撤換掉，改派自己的人馬，但我總是被留任，這和我在工作上始終堅持客觀的立場有關。

參與國際案件調查

隨著我的鑑識專業名聲愈來愈響亮，除了在美國從事鑑識工作外，也有一些外國的警政單位找我協助處理案件。因此，我開始造訪許多不同的地方。一直到今天，我仍然是很多國家警政單位的首席鑑識顧問，每當有棘手的案件發生時，都會徵求提供諮詢。而我每年也固定在新加坡、臺灣、中國等地及其他幾個國家停留一個星期，為當地的警察提供教育訓練。

在這些眾多跨國合作當中，有幾件事情是令我印象特別深刻的。

一九九〇年波士尼亞爆發內戰，戰雲密佈，情勢相當緊張，我應邀前往波國協助進行鑑識工作。

我搭著波國軍用直升機到達當地，在飛行中，因為直升機是蘇聯七〇年代舊機型，由於受限於可飛行高度，直升機只能低空飛行，一路上搖搖晃晃地向前。我坐在直升機裡往下看，街道上房屋倒塌、空無一人，直升機的周圍砲火四起，我意識到自己正面臨了直升機隨時都會被砲火打到的危險。

我跟直升機的駕駛說：「能否再飛高一點？」

駕駛說：「已經是最高了。」

他要我不要擔心，因為這是一架「幸運」的直升機。

我有點不解，問他是什麼意思。

他說，之前還有另外兩架直升機，都在飛行中被火箭砲打下來，只有他這一架安然無事，所以是「幸運之機」。

好不容易到了軍事基地，我看到好幾台戰鬥機從上空盤旋而過，還有軍人們忙著清理坦克車身上的殘骸。

當天晚上，基地裡的少將指揮官找了我和其他幾位軍官一起吃飯，他們殺了一隻羊，我們在帳篷裡一邊喝著他們土製的紅酒、一邊輕鬆地聊天唱歌，外面還不時傳來飛機起降、砲火轟隆轟隆的聲音。聊著聊著，不知道是因為旅途太累，還是酒精發揮了作用，我不知不覺地睡著了……

隔天清晨醒來後，我發現四下無人，大家似乎都出去執行任務了！

白天，當我準備開始屍體鑑識工作時，軍隊從前面撤回來，屍體也在同一時間送進來，我翻開蓋屍布，赫然發現一具躺在眼前的屍體竟然是昨晚和我一塊喝酒聊天的少將指揮官，不由得倒抽一口氣！

在驗屍的過程中，內心交雜了震驚、遺憾及不捨的情緒。我不禁感慨，生命實在太無常、太短暫了！面對仇恨、戰爭、死亡這些大敵，它也提醒了我，應該與人和平相處，努力地活在當下，好好地做人、做事。

人生無常，知足常樂

一九九六年，我應國際失蹤人口組織的邀請，前往科索沃地區。九〇年代中期，這裡曾爆發歷時三年半的內戰，在這段期間，約有三萬人死亡、失蹤，由於戰亂，屍體散落各處、殘缺不全，導致家屬無法辨認，成千上萬的死者靈魂也難以安息。因此，聯合國在當地成立國際失蹤人員委員會，請我協助遺體ＤＮＡ的鑑識工作。

當我抵達科索沃地區，發現那是一個個萬人塚，叛軍殺了全城人民，故意將屍體和手榴彈、地雷全部都埋在一起。因為沒有人知道危險，當工作人員把屍體挖出來的同時，可能也會誤觸地雷而導致可怕的大爆炸！

現場有好幾隊工作人員同時進行挖掘與搜救的工作，那幾天我們常常工作進行到一半時，就聽到不遠處傳來零零星星的地雷爆炸聲；晚上回去休息時，也會耳聞哪一隊的成員因為誤踩地雷而因公殉職的消息。

在這樣充滿危險與不確定的環境裡工作，每個人都是神經緊繃、壓力大到不行。某天，美國紐約的首席法醫也加入了我們的鑑識工作行列，他是個重達兩百八十磅，有著啤酒大肚的彪形大漢，也是我的多年好友；他曾經跟別人說，他這一生只相信我一個人，如有必要，他願意將自己的生命交付給我。

可是當我這位法醫好友看到這裡到處都埋著地雷時，他的臉瞬間轉為蒼白、毫無血色，不安地在現場走來走去，一面說：「大家小心地雷，李博士是現場之王，大家聽他指揮挖掘。」使得其他工作人員的心情也大受影響，大家的情緒緊繃，似乎已到了即將崩潰的臨界點……

我觀察到情況不對勁，趕忙把他叫過來說：「你不要走來走去，這樣子很危險，趕快在旁邊找個地方坐一下。」

他聽了之後，就馬上原地坐下來。過一會兒，我又要他挪開身子，坐到另一旁去，然後在他原先坐的地方，開始敲敲打打，進行挖掘工作。沒多久，我又請他移到別的地方，再繼續挖掘他原本坐的地方，就這樣重複幾次之後，他忍不住問我在做什麼，而其他人聽他這麼一問也紛紛停下來，想知道我的葫蘆裡賣什麼膏藥。

我看了看他，用一種半開玩笑的語氣說：「一個兩百八十磅重的人坐過的地方沒有引爆，肯定底下沒有地雷，所以我只要挖他坐過的地方就安全啦！」

大家聽了哄然大笑，就這樣，緊張的情緒一時之間消除了大半。

這數十年來，從警期間、金門服役到擔任第一線的外勤及現場鑑定，我在工作中幾乎每天都與死亡為伍，目睹了各式各樣的死亡：有的是在戰場上戰死、有的則是被槍殺；有的上吊、有的溺水、有的被燒死、有的中毒，也有些是意外死亡，或者是自殺。

死亡一直是令人害怕、充滿禁忌的話題，很多人問我，對於死亡的看法是什麼？會不會害怕死亡？

坦白說，我並不覺得死亡有什麼恐怖。人終究難免一死，不管你是千萬富翁或者總統、平民，我始終覺得「生死有命」，一切自有定數。

人生無常，我常常會想，人匆匆來到這世界上終究是為了什麼？許多人為了利益，不惜出賣自己的靈魂去做違背良心的事情；有些人眼中只有金錢，甘願做錢的奴隸；有些人則是為了權勢、名氣，整天絞盡腦汁，與人明爭暗鬥。與死亡相比，金錢、名利、地位，顯得一點都不重要。

「知足常樂」是我們經常聽到的一句話，我們來到世上的時候，什麼東西也沒帶來，若是有朝一日離開人世，我們比出生時對這個世界多了一些貢獻與幫助，這樣的一生也就值得了。在生活中，如果我們能夠凡事知足，多想想自己可以為他人、為社會做些什麼，人生會過得更有意義。

回饋臺灣

我從小在臺灣求學成長、生活，對臺灣始終懷有一份熱愛，有機會的話總是希望能夠回饋臺灣社會。因此在我的職業生涯中，有很多機會是與臺灣的警方合作。

很多人說我推動了鑑識科學在臺灣的發展，其實真正的功勞應歸屬於當年中央警官學校校長顏世錫先生，他是個具有遠見的人。我們曾在美國一同討論臺灣未來警察教育的發展方向，後來世錫兄回臺灣，在中央警官學校成立了鑑識科學系和資訊管理系，我很多優秀的學生，如林茂雄、翁景惠、謝松善、程曉桂、陳金蓮、張維敦、黃女恩、王勝盟、李承龍、楊詔凱、范兆興等，也畢業於這個學校，這兩個科系培養出許多傑出的人才，對於臺灣的警界來說，有相當重要的影響力。

早期刑案現場勘察較不受到重視，常有疏漏與污染關鍵物證的問題，前警政署盧毓鈞署長特別邀請我在警察專科學校和刑事警察局，向來自各縣市的警察局長及刑警隊長等幹部演講現場處理與物證科學，以建立各級幹部現場勘察的正確觀念；藉由理論與實務的結合探討，確實為以物證為導向的現代化科學辦案累積了一些基礎。

因為盧毓鈞懇切的請託，我幫刑事警察局建立了DNA實驗室，還安排黃女恩等人到我在美國的實驗室實習。早期一些重要案件，也由我們幫忙複驗，建立自信。看著一路走來，臺灣在刑案現場的機動處理與刑事鑑識科學的成長，令我感到相當欣慰。

隨著政治、社會、經濟和法律制度的變遷，以及科技的發達，犯罪型態日趨複雜，對人權保障也益加完善，舊有的偵查方法已無法完成發現犯罪事實和公平審判的目的。基於保障人權、提升偵查效率、強化科學辦案和提高司法品質等目的，臺灣在鑑識人才培育、教育訓練與鑑識科技的研究發展方面，近年來有長足進展，在刑案現場勘察與物證鑑識水準的專業也大幅提升。

中央警察大學在一九八九年創設鑑識科學學系學士班，之後為了健全、充實鑑識科學的教育與研究，陸續設立碩士班及博士班，並且多次邀請我擔任講座教授、進行專題演講。

刑事警察局及各縣市警察局則分別於一九九六年後陸續成立刑事鑑識中心與鑑識課，我也經常受邀回國講授各類鑑識與偵查科技，幫助鑑識與偵查人員深化鑑識、偵查、現場處理與重建的各種專業知能，持續提升臺灣在現場勘察及物證鑑識上的品質與水準。

另一方面，長期以來，有不少臺灣來的警察、調查局或是地檢署的人員，到「李昌鈺科學鑑識研究院」來研習，或是經由我的介紹到美國其他地方參訪，例如實驗室、檢察署、法院或是相關機關組織，藉此開拓視野，學習新觀念和做法。

我一直以來的目標，就是讓「保全現場」成為每個警察的基本常識。只有保全現場，鑑識人員才能有效地發揮出專業，但過去這樣的觀念還很薄弱，幸而推廣迄今，大多數員警都有這樣的觀念，並且越做越好。現在，包括司法界及執法界、甚至民眾，都能瞭解鑑識科學對於偵破案件的重要性，而現場處理的機動性及水準也大幅提高。

臺灣另一個從事鑑識的單位是法務部調查局，自從一九九〇年左右，我指導的學生回到調查局服務後，調查局鑑識科學處亦積極強化各項鑑識能力，最大的成果是成立了一個與世界同步的ＤＮＡ鑑識實驗室。我擔任調查局科技總顧問，並於一九九五年邀請國際鑑識專家百餘人參加調查局主辦的國際會議，使調查局鑑識量達到成長階段的高峰。二〇〇五年，調查局再度邀請我主持國際鑑識研討會，國內外有高達四百餘名專家與會，調查局鑑識量也再度攀升，維持與國際接軌的狀態迄今。

我常在半夜接到我的學生，現任刑事局鑑識中心主任程曉桂的電話，她會請教我一些案件上的問題，甚至請我幫忙修正英文版的鑑定報告。每次到臺灣，我一下飛機往往就會接到一包資料，請我幫忙檢視未破的案件，或是抽空到實驗室看看案件檢體，提供一些意見。我對於臺灣懷有一份特殊的情感，因此只要能幫得上忙，我從未推辭過。

當年臺灣轟動一時的幾個大案，如陳文成命案及尹清楓命案發生時，警備總部總司令曾經跟我聯繫，問我能不能回國協助鑑定。我問對方：「有現場沒有？

有照片嗎？有任何證物嗎？」對方說沒有，我一聽，就知道案子恐怕是破不了了！至今仍然是個懸案。

我在臺灣也曾經參與了幾件眾所矚目的案件，像是一九九六年的桃園縣長劉邦友血案，令警方陷入了束手無策的膠著狀態，我應邀返臺協助鑑識工作。由於現場留下的線索相當有限，為了幫助警方重建兇手犯案的過程，我想出了一個辦法。

在這起案件中，幾個被害人的雙手都被膠帶綑綁，所以被害時動彈不得。我把幾名死者身上的膠帶集合起來，利用缺口的拼接，將膠帶重新拼湊起來，就知道死者所處的位置及到達的次序，再看彈道及物證，立刻就能確定兇手殺人的先後次序。此外，我們又靠著現場留下的證據，確定了兇手不是臨時起意犯案，而是職業殺手的行動。

後來過了不久，發生民進黨婦女部主任彭婉如遭到殺害棄屍的案件，我也再次協助臺灣的警方做調查。這起案件留下的線索十分稀少，我們所能做的相當有限，如果當時能提取蒐集一些微物證據，或許會是將來釐清案情的有力證據。

另外一個眾所矚目的案件，則是發生在一九九一年蘇建和等三人的死刑案。

二〇〇一年，我曾經看過被害人的頭骨，之後許文彬律師、蘇友辰律師及辯護律師團，要求我回臺灣解釋此案的鑑識結果。為此，他們另外寄了幾十張現場的照片過來，讓我有了新的發現。

這起案件引起爭議之處，就是幾個嫌犯的證詞不一，幾次的證詞也不一樣。第一位兇手因為證據確鑿，又是軍人，所以軍法審判，早早伏法。可是他當時供出的蘇建和等人，到底是不是兇手呢？

我在出庭時告訴法官，案發現場的牆壁上有噴濺型的血跡，但都很完整，不像有其他人站在附近；因為一旦有其他人，血跡必然會被擋住。此外，警方認為兇手共有四人，不過，倘若犯嫌不只一人，地板上應該會有更多的血腳印才是。

從死者身上的傷痕來判斷，他們應該是在失去知覺的時候繼續被攻擊，而且刀刀見骨，可見兇手也許受過軍事訓練，是孔武有力之人。尤其女性被害人的衣服並沒有被換過，也沒有下體損傷的報告，可見並未遭到性侵害；起訴書上卻宣稱女性死者遭到輪姦，與事實不符。還有，被害者沒有被警棍毆打的傷痕，這跟起訴書的內容也有牴觸。

從我得到的證據來看，案發現場的空間狹小，在這麼小的空間裡面，不太可能容納得下那麼多人，而且每個人還攜帶不同的武器，使用開山刀、水果刀、菜刀、警棍等，這種刀棍齊下的犯罪過程與現場不符。

由於此案發生已久，我也只能按照手中僅有的線索進行判斷，而物證太少，有許多疑問已經無法解答。這個案子懸宕多年，我能夠理解被害者家屬沉重的心情，但這個案件牽涉到三條人命，以及其他三個少年的生命，所以希望參與的各方都能夠謹慎處理。

人死不能復生，死刑一旦執行，就沒有從頭再來的餘地。以美國為例，有關當局利用ＤＮＡ進行冤獄再審鑑定以來，已經發現了三百多件審判錯誤的案例。這並非是警方粗心大意的結果，而是因為早年鑑識技術尚未成熟，人證並不可靠，今天既然有了新的技術，很多過去的案件疑點也可以重新被審視。我希望大家在看待有罪與否的問題時能夠心平氣和，回歸證據討論，而不是憑一己之見做定論。

世界上許多國家對鑑識科學日益重視，有目共睹，尤以歐美各國為甚。根據我個人的觀察，隨著時代演進，這幾年來臺灣整個社會在政經文化方面，有了結構上的深層改變，加上數年前刑事訴訟制度修改為「改良式當事人進行主義」，檢察官必須到庭以及實施交互詰問，整個刑事司法體系中各項環節的運作，也隨著民主化的需求而不得不逐步調整改進。傳統的偵查方法在發現事實真相方面，面臨了空前嚴酷的考驗，若不能想辦法提升鑑識科學水平，將無法滿足社會大眾對追求公平正義的期待。

目前臺灣在鑑識科學上的資源，不論是實務上或教育方面，僅限於警政署、刑事局與中央警察大學，在政府經費編制有限的格局下，不論是硬體或軟體的擴充，或是人才的培育訓練，均呈現捉襟見肘的窘境。面對司法新制與保障人權帶來的衝擊，若能成立一個專屬培育及發揚物證科學及刑事偵查的教育基金會，以持續提升政府執法及教育單位的鑑識科學水準，並推展物證科學在社會大眾的普遍認知，是一項極有意義的工作。

在這個社會價值觀改變、民權意識高漲的關鍵時刻，同時，也為了回饋社會、獎掖後進，我和謝銀黨先生、王順德先生、郭台強先生、江松溪先生、邱祐勳先生、陳春銅先生、葉榮嘉先生、王景春先生、李志中先生、何忠雄先生、李瑞河先生、林中民先生、周明智先生、張嘉慶先生、楊朝能先生、賴瑞昌先生、李登木先生、張識興先生、邱蒼民先生、陳建興先生、吳敏求先生、許俊文先生、宣明智先生、苗豐強先生、蔡國智先生、吳春發先生、周邦基先生等許多好友共同努力，加上臺灣新光保全股份有限公司、新光人壽保險股份有限公司……等工商界領袖、公司團體的熱心支持，在二〇〇七年十一月成立了「李昌鈺博士物證科學教育基金會」*。

*「李昌鈺博士物證科學教育基金會」基於維護人類社會的公平與正義，以物證科學求真、求實「有一分證據，說一分話」之精神，以彰顯人性尊嚴與生命價值，並藉推展物證科學上的珍貴知識，促進研究發展、回饋社會、造福人群而成立，並以「綜整物證科學教育資源、促進物證科學研究發展、提升我國物證科學水準、擴大國際物證科學交流、追求人類社會公平正義、彰顯人性尊嚴與生命價值」為基金會的宗旨。

本基金會為開拓從事鑑識及司法工作的國際觀，每年均編列經費獎助協助鑑識及司法人員到美國交流與學習，同時獎勵發表優秀的鑑識論文，以及提供青年獎學金。自二〇〇八年起已經選派及補助李承龍、陳伯耕、葉金梅、郭守明、柏明儀、陳玟華、廖淑萍、施俊堯、簡孟輝、鄧瑞林、董譯澤、張熙懷、李經緯、洪立杰、顏學儀、林益弘、林育梨、林建隆、陳建源等十九位鑑識及司法人員到美國紐海文大學「李昌鈺鑑識科學研究院」研習，包括「槍擊案現場之管理與探討」、「恐怖攻擊事件管理」、「現場勘查科技」、「刑事鑑識概論系列課程」、「犯罪調查新技術」、「性侵害調查研習」、「冷案調查」等課程，並分別參訪康乃狄克州刑事實驗室、最高法院，實地至法庭觀摩庭審情形，以及與清白計畫發起律師 Barry C. Scheck 訪談，達到交流與學習之目的，並開拓鑑識及司法人員的國際觀。

- 面對仇恨、戰爭、死亡，它也提醒了我，應該與人和平相處，努力地活在當下，好好地做人、做事。
- 我們來到世上的時候，什麼東西也沒帶來，若是有朝一日離開人世，比出生時對這個世界多了一些貢獻與幫助，這樣的一生也就值得了。
- 「案子不分大小、人不分貧富貴賤」，秉持著全力以赴的工作態度，是我的原則。
- 身為鑑識人員，心思一定要細膩，從案發現場仔細地觀察週遭事物，找出蛛絲馬跡，包括那些「多出來」以及「不見」的東西。
- 我為州政府工作了三十年，經歷過五任州長，每一次只要新州長上任，多數的州政府高級官員一定會被撤換掉，改派自己的人馬，但我總是被留任，這和我在工作上始終堅持客觀的立場有關。

第4章

最有價值的一元先生

改寫華人歷史

一九九八年當我準備從康州刑事科學實驗室主任一職退休時，接到康州州長的請求，希望我出任警政廳廳長。那時因為一些駭人聽聞的案件相繼發生，讓州政府和警政廳聲望下降到最低點，民眾對警察的不信任與怨氣，也到達最頂點。前一任廳長因而被迫提早退休，第三任廳長也引咎辭職，全州警察的士氣十分低迷，州長希望我可以幫助他重整警政部門，並挽回州政府在人民心中的地位。

我一生不喜歡做官，前兩位州長也都找過我，但我只對第一線的刑偵工作有興趣，因此並沒有意願接下這個燙手山芋，即使州長三顧茅廬，找了我好幾次，我都回覆說「Walk on my dead body!」，也就是我「死也不做」。

可是，這位州長知道我一向很孝順母親，不管工作再怎麼忙碌，每週一定會抽出時間去探望母親，或是打電話向她請安，所以他就直接找上我母親，請她幫忙說服我接下警政廳長的位子。

有天我去探望母親時，母親問我：「解麼呀，州長請你去當警政廳廳長，你怎麼不去幫幫他呢？」

「媽媽，那件事不簡單，那是政治人物的工作！」

我告訴她，在美國當廳長，一天要開幾十個會議。為了展現親民的作風，看到民眾時都要抱一抱、親一親，每天工作十幾個小時下來，回到家想想自己今天做了哪些事情，結果可能是抱了十一個女士、親了二十三個小孩、開了三十七場會議……做這些事情，對我的工作與抱負一點實際的幫助也沒有！

「而且，警政廳長的薪水比我當首席鑑定專家少了一半，責任卻大了很多，這種搞政治的工作我一點興趣也沒有，還是第一線的鑑識工作比較適合我！」我斬釘截鐵地回答。

「你要想想，你做事不是只為了自己，也要為在美國的華人們進入主流社會，開創一條出路。」母親語重心長地說。

後來，我諮詢了一位擔任資深高等法官、多年好友的意見，問他該不該接下這份工作，他斬釘截鐵地說：「應該！」

我問他為什麼，他說：「你將改變歷史！」因為自從美國開國以來，從來沒有一個華人做到州政府的警政廳刑事科學實驗室主任，也沒有華人可以做到美國州政府的警政廳長，如果我接下這個職務，就是樹立了一個新的典範。

他的一番話，讓我很感動。

我又問了另一位最親信的部屬。他說：「康州警察都對你很敬佩，所以膚色不是問題！」

我想，也許是時候，讓華裔人士有機會在美國警界出頭了。

當年我接下康州刑事科學實驗室主任之後，外界也充滿了質疑的聲音，內部也有許多反對的聲浪，甚至有警察不懷好意地說：「從今以後，每天都要吃Fortune Cookie（美國各地中餐館飯後附贈的幸運餅乾）了！」可是後來我憑藉著自己的努力和實力，得到各方的肯定。

這些來自家人和朋友的鼓勵，讓我終於點頭，答應接下康州警政廳廳長的工作。

一九九八年，我成為美國有史以來第一位擔任警政界最高職位的亞裔人士。

其實年屆退休的我，原本可以應邀到華盛頓或佛羅里達當鑑識顧問，同時領退休金跟顧問費用，也就是美國人常說的 Double-dipping（雙薪雙職），但我卻選擇了接任州警政廳廳長這個吃力不討好的職務。

當我決定接下警政廳長這個工作後，回到家裡跟太太說：，「我有個好消息要告訴妳！」

「什麼好消息？」太太問道。

「從今以後，我就是 Number one（第一名）！我的警號是001號，我的車牌也是第一位，我要出任康州最高的警政首長了！」

「這麼厲害！那薪水多少？」

「七萬五！」

太太雖然知道我「視名利為浮雲」的個性，但她還是半開玩笑地說：「哎呀，薪水只有你現在的三分之一，還是不要去做好了！」

後來，連周圍的朋友都問我：「奇怪！人家都是事情愈做愈好、錢愈賺愈多，你怎麼完全相反，薪水愈領愈少呢？」

原因無他，金錢對我來說不是衡量是否做一件事情的標準，我也不是一個把賺錢擺在第一位的人。當年我放棄前途令人一片看好的學術研究道路，是因為我知道，鑑識科學是我的人生中最重要的目標；離開單純穩定的大學教職，出任康州刑事科學實驗室主任、警政廳長，對我來說更是一大挑戰。當時的鑑識科學領域皆為白人獨佔，全美國的鑑識實驗室沒有一個主任是由非白人擔任，如果我可以把這份工作做好，便能夠替在美國的華人揚眉吐氣。

當時美國各州的警政廳長大都是身高六呎二吋，嘴上叼著一根大雪茄，出口就是「三字經」的彪形大漢；而我卻是第一個黃皮膚、中等身材、不抽雪茄的華人，在其他人眼中看來十分另類。

接下廳長職務後，我面對的第一個、也是最艱難的挑戰就是經費不足的問題。整個康乃狄克州每天光是員警巡邏就得耗費不少汽油，再加上車輛維修、人事費用等等開支，財務上真的是捉襟見肘。

當時發生了一件歹徒襲警的意外，由於州警的通訊設備過於老舊，警局聽不到受傷員警的呼救，因此延誤送醫，導致那名員警傷重不治。為此，我提出建議，全面汰換警局裡的老舊系統，購買最先進的紅外線通訊設備，但這套設備要價美金九千七百萬元，以州政府經費短缺的情況來說，根本負擔不起。

因此，我除了重新檢視其他經費的運用，節省不必要的花費之外，也積極地向美國聯邦政府爭取經費，最後終於成功地獲得這筆龐大的預算，更新了全州員警的通訊設備。我的長官、部屬們都說：「李博士是歷任廳長裡最會理財，也最會找錢的一位！」

此外，接任警政廳長時，我除了要執行前幾任廳長所提出的計畫，還幫警政部門立下了新的目標，規劃未來一年、五年、十年之中應該要做的事情。在警政廳工作的那兩年，我訂立了二十個目標，每一個目標都有各自的執行計畫。一旦確定了目標以及規劃的藍圖後，我便大力宣導，讓所有的員工，由上到下，都清楚知道。例如性侵害加害人建檔、ＤＮＡ資料庫、中小學校園駐警建檔、社區警政、員警教育、緊急事故處理。

我看過許多長官不願意讓下屬知道今年有什麼計畫？現在手上有多少預算？一心只想把大權掌握在自己的手上。但我不這麼做，因為如果大家都不知道接下來要朝哪個方向前進，那麼，再遠大的目標、規劃也只是口號罷了。

危機處理

擔任廳長需要處理的事情很多，民眾示威就是其中一件。例如美國密蘇里州佛卡生市白人警察槍殺非裔少年案，就引起了大型暴動。

早期在康州，最多的抗議活動就是反戰示威。因為此地有一個核子潛水艇的基地，每次潛水艇下水前，就會有人出來抗議示威。

一旦有示威活動，警方必須加強戒備，嚴陣以待。但是康州的警力並不足以應對大規模的示威活動，所以新英格蘭地區的警方組成了一個聯盟，每次有示威活動，其他地方的警力就會趕來支援。為了互助合作，後來其他地方有兇殺案時，我也會親自出面協助。

後來反戰的風潮漸漸消散，類似的示威活動也跟著減少，剩下的就是民權運動，或是族群衝突的示威，但規模沒那麼大。當年中國總書記胡錦濤來耶魯大學演講的時候，也有過一次大規模示威。我們處理的辦法很簡單，就是劃分出兩塊區域，讓支持者和反對者，在不爆發衝突的情況下，能夠自由地表達意見，即使搖旗吶喊也無所謂。

面對示威活動，最重要的就是將大事化小。康州的學生每年春假都會出來抗議遊行，我在當廳長的時候，就必須跟學生會保持密切聯繫，雙方講好示威的地點和時間，大家都按照規矩來，就不會出問題。

此外，我們也不在示威活動中逮捕人，因為一逮捕人，現場立刻群情激憤，很容易失去控制。我們的辦法是用噴漆，如果有人出現違法行為，就在他身上，特別是頭髮上噴漆。等到活動過後，或是人群走遠了，我們再行逮捕，這樣就降低了發生衝突的可能性。

處理示威並不容易，我在擔任康州警政廳長期間，曾發生過一件事。在哈特福德市（Hartford）轄區之內，有一名白人警察打死了一名黑人年輕人。

這名警察叫做 Allen，他在晚上巡邏的過程中，聽到無線電報，說有四五個黑人正持槍搶劫，其中一名被害人是位老太太，被推倒在地上，錢包也被搶走。無線電報說，嫌疑犯駕駛了一輛失竊的白色卡勒汽車，要求大家提高警覺。

這名警察正好在路上看到一輛白色的車，裡頭有一群黑人，他把車號回報給警局，警方一查，發現這是一輛贓車，於是叫他上前盤查。

結果車裡的人一看到警察來了，立刻開車逃逸。這名警察也開車追了上去，最後開到了一個治安欠佳的地區，雙方先後進入一條狹小的巷子。嫌犯看到前面沒有路了，就突然煞車，棄車分頭逃跑。

那名警察也就跟著跳下車，追著其中一位準備爬籬笆的黑人。就在他正準備逮捕黑人的時候，突然看到旁邊還有一個黑人，手上拿著一個東西，像是手槍。他立刻拔出槍來，大喊：「不要動！」

可是對方並沒有聽他的話，所以他就開槍了。沒想到活活打死了這位年僅十四歲的年輕人。

隔天，媒體報導出來，並沒有描述這段追捕的過程，而是強調白人警察打死了一名十四歲的黑人男孩，還放了一張被害者的照片。照片裡頭，這名男孩穿著一件足球T恤，看起來非常無辜。後來才知道，黑人男孩並未持槍，只是拿著一個玩具手槍的打火機而已。

當時美國種族關係還很緊張，白人警察跟黑人之間的衝突時有所聞，這件事情一曝光，立刻引起軒然大波。

康州的黑人社團立刻就組織起來示威、暴動，跟警方產生了嚴重的衝突。Hartford 是康州的首府，所以州長很重視這件事，要我跟當地警方聯繫。

我打了一通電話給當地警察局長，問他是否需要協助。他告訴我，一切都在掌控之中，只有一件事希望我能幫忙，就是現場重建。我二話不說，立刻答應他。

只是過沒多久，換他打電話給我，說現場情況混亂，警方撐不住了！從各地來的黑人正在示威，希望我們前往支援。我就派了幾百個州警到現場，並且親自去安撫群眾的情緒，告訴他們明天會進行鑑識工作，並且承諾秉公處理，希望大家先回去休息。

第二天，原本還有更大的規模示威抗議，許多民權領袖也來參加。州長問我該怎麼辦，我說：「先看著辦吧！我必須到現場去做調查。」

很多人跟著去看我們重建現場，示威的群眾立刻大為減少。

有位示威的組織成員跟我說：「李博士，你摧毀了我們的示威活動，大家都不來了！但是看你現場重建比遊行更有意思。」

我說：「歡迎你們也一起來看鑑識工作。」結果這一天也就沒有發生衝突。

從鑑識結果中我們發現，最初當地法醫的鑑定報告有誤。法醫說，子彈是從死者後方穿入；換句話說，警察是從黑人小孩的背後開槍。這下可不得了！會讓外界覺得這名警察冷血，趁著對方沒有防備時開槍，實際上不是這樣。我們也發現，子彈射擊的角度符合警察的描述；也就是說，死者中槍的時候，是在警方的側邊，讓他誤以為對方要襲擊，並非警方故意殺人。

更重要的是，這名男孩雖然才十四歲，但是已經犯下兩起案件。最近一次，法官並未判決他入獄，而是要他戴上電子手銬，晚上不能隨便出門。他不知道用什麼方法，把電子手銬拿了下來，放在椅子上，所以監控中心還以為他一直待在家裡。

當時我們接到情報說有二十輛大巴士，從各地趕來參加下一次示威，準備在康州大會師。州長知道了，非常緊張，就把我們找去商討對策。

Hartford 一共只有九百多個警察，局長說會全數動員。副廳長說我們有幾千人可以支援國民軍，當時有名國民軍（national guard）的將軍，也說可以派出幾千名軍人，還說要「Kick their ass」（給他們點顏色瞧瞧）！

我說，這是我最不想做的事情。

州長看著我，問我該怎麼辦。

我說，我希望能夠避免衝突，因為一有衝突，就會有死傷。所以我決定，讓支援的警力在各地待命，由我們先出面處理。

最後我找了帶領示威群眾的領導人與一些民權領袖、社區領袖來談。我的警衛助手一開始很緊張，擔心雙方會有衝突，要我穿上防彈衣，帶好武器。

我說不用，只需要兩個人跟我去談判就好。

我一去，現場有幾百名黑人。我向他們報告尚未公開的鑑識結果，把原本錯誤的資訊一一釐清。講完之後，有三分之二的人知道我們能夠公正處理，我再解釋給他們聽，流血衝突不但於事無補，而且對社區的破壞不可修補，並列舉紐約、洛杉磯、邁阿密的前車之鑑，他們聽了決定離開，不再暴力示威。

剩下三分之一的人，並未被我們說服。我告訴他們，「我們有幾千名警力正在待命，但是我不願意看到衝突，也不想讓你們流血。」

他們想想，知道自己寡不敵眾，也就撤退了，這件事情因此得以平和落幕。

一腦三用

美國各地的行政組織並不相同，在康州，警政廳長管轄的範圍很廣，不只是警察，還包括消防、建築、緊急事故處理、國土安全、公路巡邏、地區警政等等，所以在擔任廳長的時間，我時常要面對各種層出不窮的問題，每天有無數的會議需要參與，時常一整天就是在不同的行政會議中度過。

以前我還在康州當刑事科學實驗室主任的時候，主持會議從來不超過三十分鐘。我總是跟下屬說，如果超過三十分鐘沒有結論，我們就不要meeting，因為那表示不是你們沒有準備好，就是我自己還沒有準備好；假如大家都準備好的話，三十分鐘內一定可以開完會，做出決策。

當時我每天要處理幾十個大大小小的案子，還要去現場採證、在實驗室做化驗等等，為了節省時間，通常我會同時進行七個專案會議。為什麼是七個呢？那是因為我們正好有七個會議室。

一定有人會問：「要如何同時開七個會議呢？」

其實很簡單。我到第一個會議室就開始問：「昨天有發生什麼事情？」「啊，找到一個人頭？這個人頭塑膠紙包了幾層？塑膠紙可以拿去驗指紋，可以做DNA……繩子可以追到什麼情形？」

「嗯，好，你們好好做，然後向我報告！」

然後跑到第二個會議室，「昨天發生什麼事情？」「嗯，銀行被搶？那搶了多少錢？幾個人？有沒有戴面罩？在路上找到什麼？像是車輛，或是有沒有錄影帶、做了臉型分析沒有？」

然後到第三個會議室繼續問：「你們怎麼做呀？」、「有哪些地方可以注意的？」

等我在第七個會議室開完會之後，再回到第一個會議室，「你們找到的結果如何？」、「沒有找到，是我們的方向不對，還是要用更新的技術去找？」這樣一整天開會下來，七個案件都有了進展。換句話說，如果我只花時間在第一個案件上，那麼，其他六個案件就不會有任何進展。

我在擔任警政廳長的期間，也是利用這樣的方法，才能有效率地完成許多工作。

很多人常常問我一個問題，「李博士，你怎麼有辦法每天做這麼多事情？」

其實我已經習慣了同時做好幾件事。比如我會一邊坐車去機場，一邊接受採訪，一邊在腦海裡思考著最新的案件，這樣做既不會浪費時間，也大大提高了我的工作生產力。

我常覺得上帝最公平的一點就是，每個人一年都有三百六十五天，不管你是總統或是清潔工，也不管你是百萬富翁還是乞丐，擁有的時間都是一樣的。

我跟所有人一樣，一天只擁有二十四小時的時間，而和別人不同的是，我吃飯比較快，睡得比較少。我太太常常笑我像是個吸塵器，她在廚房裡都還沒有煮好飯菜，我站在旁邊呼嚕一下就吃飽了，可以回去樓上書房工作。

我的睡眠時間也不多，每天只要四、五個小時就足夠，所以日積月累之下，一年就比別人多出了兩、三千個小時。

中國人有個根深蒂固的觀念，認為賺了錢之後就應該往銀行裡存，留著生利息或是以後留給後代子孫。可是時間這種東西不像鈔票，它實在太可貴了！無法存進銀行賺利息、借給別人或是留給後人，如果你今天沒把這些時間用掉，明天就沒有了。

我們每個人的一生會有多少天？倘若活到一百歲，應該也有三萬六千多天吧。其實並不是很多，很多時間我們都是在睡覺，或是白白浪費掉一些時間，所以，其實並沒有三萬六千天。

曾經有人統計過，美國人一年之中平均浪費了二千零七點五個小時呆坐在沙發上看電視或是在海灘曬太陽，每天早上、下午還要來個 coffee break，然後又花了三千二百八十五個小時睡覺，工作時間只剩下一千六百四十二點五個小時，所以說美國人一年只工作一千六百四十二點五個小時。

大家不妨想想，如果把浪費掉的這幾千個小時省下來，不管用在哪裡，都會有一番成就的。例如，你喜歡打籃球，利用這幾千個小時練球，一定打得比別人好。或者把這些時間用在練習書法，我保證三年後，你的書法一定在水準之上。如果你用來學英文，英文能力肯定比別人要強上好幾十倍。簡單來說，你並沒有比人家擁有更多的時間，你只是比人家會利用時間而已。

我常說，我們在做事時，千萬不要「一心二用」，但思考的時候，一定要「一腦三用」。而我太太也總是跟別人開玩笑地說：「李博士從來不度假的！」嚴格來講，我通常都是工作與度假結合在一起，到各地去演講、工作時，順道欣賞當地的風景；在球場打球時，則順便討論工作方向或是案件。

領導人的責任

因為擔任警政廳長的經驗，現在我去演講，不一定只講鑑識工作，也會談到與管理相關的主題。

我總是告訴聽眾，身為一個領導人，首先要做到正直、公正。因為領導者不只是帶人，還要帶心，保持公正，才有可能服人。同時需要克制自己的欲望，不能想著利用主管的優勢來獲取利益。

我當廳長的時候，最棘手的案子，一定是親手處理。我也會帶著年輕一輩的工作人員一起處理，讓他們從中學習，並且傳授經驗給他們，讓他們有所成長。

有些主管不喜歡教下屬，生怕他們搶了自己的工作，我不這麼想。我常跟我的學生和部屬說：「歡迎來搶我的工作！等你坐到了這個位子，就會知道這份工作並不輕鬆。」

此外，領導人絕不能推卸責任。在我擔任廳長任內，如果部屬發生了什麼問題，我一定會扛起責任。有些記者碰到我，會說：「李博士，這件事情和你沒有什麼關係啊！」

我總是說：「我是廳長，當然需要負起全責。就算不是我犯的錯，也表示我沒有好好監督。」

我認為制度非常重要，一旦建立了制度，就應該照著走。擔任主管，最麻煩的是需要處理人事和升遷處罰的事情，這和單純的鑑識工作相當不同。我在任內只開除一個人，是一名警察，他當時負責處理一個遺失的皮夾，卻私自將裡頭三張支票拿去兌現，當然立刻就被發現。

在我的辦公室裡，我跟他說：「你犯下了兩個錯誤，第一，這件事情本身違反警察的職業道德；第二，你居然會笨到拿別人的支票兌現，怎配做警察！這是錯上加錯，我只能開除你！」

當時警察工會的人來見我，說這位警察生活困難，亟需用錢，才會犯下這樣的錯誤，希望我能網開一面。我告訴他們，懲處既然已經決定，就不可能隨便更改，最後還是將他開除。不過，也因為知道他生活困難，我們還是盡力幫他找了新的工作。

此外，為了升遷的公平性，我也立下規範，要求每一個想要升職的警察，除了平時考績之外，都必須經過考試，成績到達一定標準之後，才能升遷。

考試分兩種，一種是現場考試，所有人集中一起考。另一種，是要求所有人寫兩篇文章，長度不拘，而且可以帶回家寫。這是我特別設計的考卷，題目很簡單：

第一：如果你是廳長，你會做什麼事？

第二：未來的警政趨向為何？

透過這個筆試，可以看出一個人有沒有足夠的溝通能力，能把想法清楚地表達出來，同時也可以看出這個人有沒有遠見。這兩點，對於一個領導人來說，都是關鍵的能力。升遷與否，就靠著上述考試成績的排序，而不是由我個人擅自決定。

這個規定一旦樹立，當然就要一視同仁。但是當時的康州州長曾經跟我推薦一個人選，是他的警衛隊長，跟了他很多年，希望能提拔他。

我一聽，就跟州長說絕不行。州長起初有點不高興，沒想到我會拒絕他。我跟他說：「我們是朋友，可以講真話，這種破壞體制的行為，絕對不能做。

如果想升遷，就請他和其他人一樣來參加考試。」這件事也就不了了之。

後來我離開州警，新的廳長上任，承受不了州長的壓力，就幫這位隊長升官。兩天之後，立刻成為報紙的頭條新聞，員警協會抗議升遷不公，議會也成立特別委員會，針對此事做調查，結果這個人又退回原職，新廳長及州長也大失面子。後來他告訴我，當初真的應該聽我的話才是明智之舉。

最有價值的一元先生

兩年的廳長任期期滿之後，我遞出了辭呈。許多人都無法理解，「你的廳長做得好好的，又受到社會、民眾與媒體的肯定，為何要選擇離職？」州長更是強力慰留我。

我告訴他，「我已經幫你重振警政部門的士氣，全州的治安也大為改善，並且贏回社會大眾對司法與警察的信任，接下來我要回去做自己最喜愛的鑑識科學工作！」

中國有句諺語「樹大招風」，又說「人怕出名，豬怕肥」。我本來就不喜歡當官，當初接下廳長職務，只是因為想要替中國人在以白人為主的美國社會打開一條新的出路，破除那層看不見的「玻璃天花板」，既然目標已經達成，就要懂得「急流勇退」。

我雖然是至今唯一一位亞裔的警政廳長，可是若要我再當一次，我一定拒絕。或許從外人看來，這個職位握有很大的權力，我卻覺得權力來來去去，跟金錢一樣，隨時可以消失。我在這個位子上經歷了五任州長，每次新的州長上任，官員就換過一輪，所以我很清楚，權力並不可靠。只有存在腦袋裡的知識，是別人拿不走的。

人生的際遇變幻莫測，我們無論在工作或是做人處世上，總會有高低起伏的時候；一個人能夠成功地往上爬，除了自身的努力之外，往往也需要運氣。而當你要放下那些成功的果實的時候，也需要很大的勇氣。所幸我一向對名利看得很開，不眷戀那些隨著成功而來的名利和權勢。

對我來說，名跟利是身外之物，生不帶來、死不帶去。

我從廳長的位子上退下後，州長請我繼續擔任榮譽廳長，主管鑑識科學，他允諾每年支付我十八萬的薪資。可是沒多久，康乃狄克州的經濟狀況變得不樂觀，政府也不得不展開裁員的動作。

在美國，年資淺的員工往往會先被資遣，有些剛從學校畢業、或是結婚沒多久的同事，一時之間，面臨了失去工作的窘境，處境堪憐。於是我去找州長商量，

「州長，我已經退休，不需要再拿薪水了！現在找我去演講辦案的人很多，諮詢車馬費一個鐘頭以一萬元起跳，我只要多講個幾場，就有十幾萬了！所以你不要再發薪水給我，請保留那些人的工作機會吧！」

州長聽到我這樣說，連忙回答：「那不行，我請你工作卻沒付薪水，這可說不過去！」

「那就給我一塊錢吧！」我回答道。

在我的堅持之下，州長終於答應我的請求，而那些原本面臨了被裁撤命運的員工，也因而保住了飯碗。為此，媒體還替我取了一個綽號：The most valuable one dollar man（最有價值的一元先生）。

退而不休

我從廳長卸任後，又重新回到學校教書，在紐海文大學法醫系任教，教學可說是我最喜愛的工作。二〇〇七年，紐海文大學法醫學院正式命名為「李昌鈺刑事司法與鑑識科學學院」（Henry C. Lee College of Criminal Justice and Forensic Sciences），這所學院有兩千多名來自世界各地的學生和四十多位教授。此外，我所任教的紐海文大學也成立了「李昌鈺鑑識科學研究院」（Henry C. Lee Institute of Forensic Science），這個機構現在已經成為全美的國家刑案現場調查培訓中心，裡面有各種先進的儀器設備，例如：3D 影像掃描、衛星影像解析系統、人工智慧、觸控螢幕等，學生除了上課之外，還可以在鑑識實驗室裡實作、在法庭上模擬出庭作證的情形，或是進行各類的小組討論。我自己也繼續領導研究院的工作，同時幫忙學校募款。在我回去任教以前，曾經把學院的領導工作交給一個同僚，他在鑑識領域有相當好的成就，專業備受肯定！不過擔任主管職務十年，卻讓學院的財務出了狀況，我們只好請他走路，由我自己重新操刀管理。

為了籌措經費，每次我去演講，都將演講費捐給學院。有許多認同我的理念的企業家朋友，也紛紛慷慨解囊。

為了協助學校募款，我的募款方式之一是親自下廚，以「和李博士共進晚餐」作為拍賣品。記得第一次成交價是五千美金，後來喊價到了七千美金！今年已到一萬美元，得標的人來自佛羅里達跟加州，我跟太太還特別飛過去。

當然，得標者都是有錢人家，我們抵達的時候，他們家裡的幫傭早又已經把食材都準備好了，省了很多工夫。

現在李昌鈺鑑識科學研究院，包括我在內總共有七名員工，但是我們所做的事情，常常讓外界誤以為有很大的一個團隊。我希望可以透過這些實驗室、研究院的成立，培養更多優秀的鑑識人才，讓世界各地的鑑識人員都有機會來這裡研究、進修。同時我也在臺灣、中國大陸等地設立獎學金，提供表現傑出的員警、警校學生到紐海文大學受訓。

如果這些人結訓後回到自己的國家，每個人只要每個月多破一個案件，每年就可以多偵破上百甚至上千件的案子，這對社會來說會有多大的幫助！

遲來的正義

「李昌鈺鑑識科學研究院」是鑑識人員養成與進修的場所，同時也協助偵查各類案件，現在更成為美國國家冷案中心（National Cold Cases Center），許多各地的冷案都送到我們這邊來做進一步的分析。

所謂「冷案」，指的是破不了的案件。在美國，每年大約發生一萬八千件到兩萬一千件兇殺案，而破案率卻只有百分之七十，剩下百分之三十的案件破不了。至於性犯罪案則有百分之五十無法偵破，財產犯罪案件比例更高，將近百分之六十的案子，最後都成為懸案。一年下來，光是兇殺案就有六千多起無法偵結。也就是說，至少有六千多個家庭，家人無故被殺害，卻始終找不到兇手。這些家庭長期承受精神的壓力與折磨，久而久之，便對政府及司法制度失去了信心。

五十年前美國有一樁兇殺案，是一位十八歲少女被發現陳屍在市內一所購物中心室內停車場的九樓樓梯口，她的左胸被刺一刀，刺穿了心臟，而她的車子則被發現停在七樓。

這個女孩子衣著整齊，沒有任何性侵害的跡象，但她的鞋子、皮包卻沒有在身邊，這會是搶劫嗎？後來鑑識人員搜查她停在七樓的車子，在車上發現了包包跟鞋子，完全沒有被動過，同時也在車子旁邊找到了一條男用手帕，於是把手帕送到聯邦調查局化驗、英國的蘇格蘭警場檢驗，甚至還拜託哈佛大學的化驗室來幫忙，都沒有結果。現場勘查人員在這輛車的後座找到了一個裝有紙巾的盒子，發現盒子上有點血跡，鑑定結果是死者的血跡。

由於找不到任何線索，這起案件一直無法偵破。大約三十多年前，死者的父親跑來找我，「李博士，我已經把自己的家產統統變賣，想盡一切辦法，就是要查明真相，找到殺害我女兒的兇手。現在你是我唯一的希望了，能不能請你幫幫忙，重新檢視這件案子，我這個女兒，我實在不想她這樣死得不明不白！」

同樣身為兩個孩子父親的我，對這位父親多年來內心所承受的煎熬，感同身受。於是我答應他的請求，並且立刻連絡當地的局長與檢察官，希望可以重新檢驗在案發現場所採集到的物證。

我們發現，這名少女當天進入停車場是中午十二點三十四分，屍體被發現時是十二點四十五分，顯然兇手的做案時間很短。我們同時也重新檢驗那個裝有紙巾的盒子，由於當年處理物證的人員未能認出血指紋，用了錯誤的試劑，導致盒子上的血印在多年後已變成咖啡色，很難找到蛛絲馬跡。不過我們還是死馬當活馬醫，用新研發的化學藥劑與雷射激光，終於採到半枚可比對的潛伏指紋，只是在全美的指紋資料庫裡都找不到相符的指紋，可見兇手並沒有任何犯罪前科或是外國人。

十年前，死者的父親病重住院，他從醫院裡打電話給我。

「李博士，醫生說我的病情很不樂觀，可能活不了多久了！我這一死，家裡就沒有其他人了，希望你不要忘記我女兒被謀殺的這個案子，一定要讓案情水落石出！」

「我了解，請你好好保重，你女兒的案子我絕對不會忘記的！」我鄭重地回答他。

當時，我沒有跟死者父親提及找到半枚指紋這件事情，因為從指紋資料庫中，搜尋不到任何人，講了也沒有用。

雖然我每天都要處理許多案件，但我心中一直惦記著這件事，那半枚指紋也始終存在我們的檔案裡。

所謂「法網恢恢，疏而不漏」，八年多前，我突然接獲通知，指紋分析人員比中這個血指紋！這個指紋的主人因為毆打女性被逮捕，剛捺印指紋上傳，被拘留在警局裡。

現在，我們已知道指紋的主人是誰，但仍然無法以此指紋，判定他就是殺害少女的兇手，因為有可能是他在某些原因之下接觸到這個紙盒，碰巧將指紋留在上面。於是我們從證物室，再把遺留在現場的手帕找了出來，這條手帕經過多次化驗，已經坑坑洞洞，看不出是一條手帕。可是我們不死心，在上面找到一點點鼻涕，立即做ＤＮＡ化驗，從鼻涕裡的皮屑ＤＮＡ確認了，它與這半枚指紋的主人是同一人。

這個案子在春天開庭審理，兇手最後俯首認罪，被法官判處二十年有期徒刑。

在我們鍥而不捨的努力之下，這個懸宕三十年的冷案終於偵破了！我很希望能夠親自告訴死者的父親，「我們找到殺害你女兒的兇手了！」可惜，這件事已經無法實現了，因為他已因病去世。

其實像這位父親一樣，一輩子都在等待真相水落石出的家屬，不知道還有多少。如果沒有人去關心，那些案子很可能就石沉大海。

我現在已經退休了，不再站在第一線從事偵查工作，處理冷案正好適合我現在的工作狀態。冷案不像新案，沒有急迫性，能夠按照自己的腳步，定期重新審視物證和線索。我希望可以透過各種先進的分析與方法，重新啟動調查，想辦法找出破案線索，將兇手繩之以法，還受害家屬一個公道。

有一天晚上，我接到我的學生程曉桂的電話，她很高興地告訴我，十四年前發生在台中的東海之狼冷案，靠著當年鑑定的ＤＮＡ，確認了嫌犯。她還告訴我，這個案件當年我曾經幫忙複鑑，確認刑事警察局鑑定的結果正確，讓他們信心大增。這又讓我想起好友盧毓鈞早年擔任刑事警察局的局長時，排除困難，接受我的建議，成立了ＤＮＡ實驗室，後來因此偵破了多起冷案，令我倍感欣慰。

● 如果不知道接下來要朝哪個方向前進，那麼，再遠大的目標、規畫也只是口號罷了。

● 上帝最公平的一點就是，每個人一年都有三百六十五天，不管你是總統或是清潔工，也不管你是百萬富翁還是乞丐，擁有的時間都是一樣的。

● 我常說，我們在做事時，千萬不要「一心二用」，但思考的時候，一定要「一腦三用」。

● 身為一個領導人，首先要做到正直、公正。領導者不只是帶人，還要帶心，才有可能服人。

● 我常跟我的學生和部屬說，「歡迎來搶我的工作！等你坐到了這個位子，就會知道這份工作並不輕鬆。」

● 對於一個領導人來說，溝通能力和有沒有遠見都是關鍵的能力。

● 權力來來去去，跟金錢一樣，隨時可以消失。只有存在腦袋裡的知識，是別人拿不走的。

● 我希望可以培養更多優秀的鑑識人才，每個人只要每個月多破一個案件，每年就可以多偵破上百甚至上千件的案子，這對社會來說會有多大的幫助！

—第5章—
化不可能為可能

扮演自己

為了鑑識工作、培養優秀人才，我與同僚合寫了四十多本和鑑識有關的書籍，包括好幾本教科書，目的是希望透過書本有系統的介紹，讓學生對鑑識科學有全面且深入的了解，同時也能從中汲取我們實驗室過去失敗的經驗，不要再犯同樣的錯誤。

我甚至還參與了美國電視影集《李昌鈺之蛛絲馬跡》（Trace Evidence）的演出，總共拍了三十六集，這也是一段有趣的經歷。

其實，我平常並不看《CSI犯罪現場》這一類的電視劇。因為知道真實的狀況如何，對於虛構的劇情就不太感興趣。真正的鑑識、偵查工作，跟電視劇有不少差異，比如在現實世界裡，鑑識人員只專注於鑑識工作，其餘偵查部分由刑警負責，大家分工很清楚。可是在電視劇中時常混淆在一起，導致很多觀眾也跟著誤解。

當時會參與電視劇演出，也是希望透過大眾傳播的力量，讓社會大眾更了解鑑識科學的重要，同時也教育觀眾，當刑事案件發生的時候，要如何保持事發現場的完整性，以利警方後續的偵查。

我上電視演戲，完全是偶然，並不在計畫之中。原本節目製作人已經找到一名演員，曾在電影《末代皇帝》擔任主角之一，甚至要求他跟在我身邊，揣摩我的一舉一動。結果幾天後，製作人看了試鏡結果還是不滿意，只好由我親自上陣。

這個電視劇是以我經手鑑識過的案件為藍本，在劇中，我扮演我自己。我也是這齣戲劇的半個投資者，可是並沒有賺到什麼錢。起初我對於演戲這個行業並不了解，真正參與之後才知道，拍攝一集戲劇的成本非常高，諸如燈光師、攝影師這些專業人員，都有自己的工會，也有一定的價碼，要請他們工作，所費不貲。

我常開玩笑地說，這次投資只有我太太賺到錢。為什麼這麼說呢？話說有一次，我們準備拍攝一場大學女老師被殺害的場景，演員卻臨時缺席。眼看攝影師、化妝師、製片、導演、臨時演員等工作人員都到齊了，如果不開拍，等於是白白浪費一天的製作費。最後由我太太擔任被害人的臨時演員，所以她領到了臨時演員費。

拍戲雖然是個新鮮的經驗，但實在太耗時間，所以演了三季之後，我決定喊停，把時間和心力放在教學與偵查案件上。但是，透過戲劇的傳播，愈來愈多觀眾知道有一位 Dr. Henry Lee，也了解鑑識工作的重要性。

全美最知名的鑑識人員

在現代社會，大眾傳播的力量強大，警察的角色也跟過去不同。我常跟新一輩的警察說，一定要懂得跟媒體溝通。如何用清晰明瞭、一般社會大眾都能聽懂的語言發表言論，是需要一段時間訓練的。我在擔任康州警政廳長一職時還特別邀請專家與警官們上課，學習如何與媒體溝通。

應對媒體不是一件簡單的事情，尤其是美國的媒體。早期，警察可以說一句「不予置評」（no comment），就把記者給打發走了。現在則不可能，記者一定是窮追不捨，甚至透過法律途徑要求看檔案。

我記得有一天早上四點半，我兒子匆匆地跑來把我叫醒。他說：「爸爸，我們家外頭停了好多車子！」

我出去一看，全都是媒體的採訪車、現場直播車，不僅把房子給團團圍住，也把附近的街道都塞住了。不知情的人，還以為發生了什麼事。

原來，當時柯林頓爆發性醜聞案，記者知道我參與了這個案子的鑑定工作，想從我這裡套出一些消息。

我想，如果採訪記者不離開，必定會對於鄰居和附近交通造成困擾，所以跟前來採訪的記者約法三章，請大家稍晚到我的辦公室集合，召開正式的記者會，然後請他們立刻離開。

我對他們說，不離開的，到時候將不提供任何資訊。

這麼一來，記者果然全都撤離。當地的警察還特別跑來感謝我，他們說這些記者怎麼也趕不走，正在頭痛不知如何是好，還好我出面處理。

其實記者也了解，為了被害者家屬或者案情著想，有些資訊不能隨便透露。但他們也有自己的工作職責，這就要靠警方的溝通力來協調。

事實上，怎麼跟媒體打交道，我一開始也不懂，但累積的經驗多了，也就熟能生巧。

有段時間，我時常接受美國新聞節目的訪問。美國的電視節目主持人問話十分有技巧，一不小心，就會被他們牽著走。此外，如果受訪者沒有足夠的知識，很有可能被他們問倒。這些節目訪問的時間都很短，一來一往的對答速度非常快，跟法庭一樣，需要機智的即時反應，有些人並不善於掌控這種節奏，也就不適合接受訪問。

美國幾個重要的脫口秀節目，我都參加過錄影，由於我的反應快、分析案件詳細周到，講的道理觀眾也都聽得懂，所以製作單位很喜歡邀請我上節目。也因為這些節目受歡迎，我成為了全美最知名的鑑識人員。

不過幾年前，我決定不再參加任何的節目錄影。一些老朋友，像是 Nancy Grace、Larry King 還特別來找我，問我為什麼拒絕他們的邀約。

我很坦白地說：「上節目是一件浪費時間的事。」

這些脫口秀節目大多一個鐘頭，扣掉廣告時間，剩下差不多四十三分鐘。一集節目通常有好幾個來賓，所以每個人平均分配到的發言時間只有五分鐘左右。為了這五分鐘，可能需要提早幾個鐘頭做好準備。我想想，覺得沒有必要，所以就一概婉拒了。

當然還是有其他節目找我，全世界各地都有。像大陸的中央電視台，推出了一個《開講啦》的節目，希望能找一些名人和年輕一代分享人生經驗，因此邀請我上節目。

當時我從卡達飛到北京，只為了參加這個節目錄影，結束後就立刻離開，並沒有在當地多作停留。

那次《開講啦》的製作單位找了十個來賓來問我問題，這十個人之中有一位是警察。主持人說：「既然李昌鈺博士被稱為神探，請猜猜看，誰是警察？」

我心想，這是要考我了！然後我仔細觀察他們每個人的模樣，立刻排除掉其中八位——因為有些人一看就知道不是警察。剩下二選一，我又再仔細看了一次，心裡已經有底，結果果然被我猜中。

我曾經學過武功，所以製作單位希望我能夠現場表演一下。其實我早就已經不再表演了，但是正式錄影的時候，主持人一再提到我已經七十五歲了，不相信我的身手依舊敏捷，一再挑釁。我說：「可是我的身體年齡還是很年輕喔！」然後「啪」的一下，就把他摔在地上。後來當地新聞媒體特別把這一段影片剪出來，大作文章。

成功的秘訣

我常常收到從世界各國來的演講邀約，最常見的題目便是「我的成功之道」。大家對我這個從臺灣來的小警察，成長於貧困的單親家庭，如何在美國完成博士學位，成為第一位華裔警政廳長和國際知名的鑑識專家，充滿了好奇，想知道我如何成為一個大家眼中的「成功人士」。

何謂成功？我相信每個人對成功的定義不盡相同，現在許多年輕人往往將成功與財富畫上等號，認為錢賺得愈多就愈成功。試問，有人記得一八六三年哪個人最有錢？或是一七五九年誰賺得最多？那些備受世人推崇的科學家、哲學家，有哪位是因為擁有許多財富而被寫入偉人傳記之中？錢財，生不帶來、死不帶去，它絕不是衡量一個人成功與否的標準，所以錢賺得愈多，並不代表這個人愈成功。

我認為，只要把自己分內的工作做好就是成功。例如這層樓的地板是我負責打掃的，只要把它清理得乾乾淨淨，就是成功；家庭主婦把家裡管理得井然有序，學生認真學習、把書讀好，這些都可稱之為「成功」。

我們每天早上起來，應該先照照鏡子，問自己，昨天有沒有好好努力？是否盡全力在工作上、學習上？只要確認自己沒有偷懶、已經盡了全力，就可以稱之為「成功」。最近我也常常在演講中提到，生命之所以有意義是因為我們的努力饒益了別人的生命，能幫助愈多人成功，我們自己才愈成功。

做個讓事情完成的人

我常說，世界上有三種人，第一種是完成事情的人，第二種是看著事情發生的人，第三種則是事情發生後都還不知不覺的人。（Some people make things happen, and some watch things happen while others wonder what has happened.）最糟糕的就是第三種人，他在事情發生後依然搞不清楚狀況，還在困惑著到底發生了什麼事情，或者不分青紅皂白、糊裡糊塗被政客利用的人；至於第二種人則是消極地看著事情發生，什麼也不做，認為世界是別人的，只要苟且偷生活著就可以了！唯有第一種「讓事情完成的人」才有機會成功，因為他會堅持信念、積極地實現自己的目標與理想，為社會與人類做點貢獻。

回想過去，我踏出的每一步都曾受到來自外界的質疑，像是：「臺灣的警察怎麼有辦法出國，去美國唸博士？」、「中國人英語不好，哪能當教授？」或是「一個黃皮膚的老中，出庭當專家證人有公信力嗎？」、「他當警政廳長管得動上千名員警嗎？」

每次遇到困難和挑戰時，我絕不輕易說「不」。我相信只要比別人更認真，付出更多的努力，就一定能克服萬難，嘗到成功的甜美果實。

要當一個讓事情完成的人，首先必須要有堅定不移的信念，並且明確地立下目標，朝著目標奮力邁進，努力達成任務。

出國留學是我人生中一個很重要的目標，因此我與太太捨棄了在沙勞越安逸的生活，前往美國求學，這樣的決定曾讓我的岳父、岳母以及周圍的朋友們覺得遺憾，但如果當時我不下定決心離開舒適圈，也許今天不會有機會分享自己一路走來的心路歷程和成功之道，不會讓沙勞越的華僑社會感到驕傲，因為我也住過那裡。

想要在事業上成功，除了要當一個讓事情完成的人之外，還必須養成積極的態度。與其成天期望著老天眷顧、好運降臨，倒不如依靠自己的努力來達成夢想。

我曾看過一本書上說，「You have to live in the reality, don't dream.」（年輕人要

活在現實中，不要作夢。）但我的想法是，「If you don’t have dreams, you don’t have future.」（你如果沒有夢想，就不會有未來。）我所說的「dream」，就是在了解自己的極限之後所產生的夢想。如果一個人無法認清自己的限制在哪裡，一味地往不適合自己的道路行走，這就是我們常說的「作白日夢」了。所以，如果你能夠充份了解自己、選擇自己要走的方向，生活態度就會更積極，動力也源源不絕，能夠在自己擅長的領域中，發揮出更大的潛力。

「限制」與「無限」就跟中國人常說的「陰」、「陽」一樣，表面上看似相互矛盾，但實際上卻是相輔相成。以我自己的例子來說，當年我因為身高不足這樣的先天「限制」，認清了自己再怎麼努力都無法當上籃球明星的事實，因此努力尋找下一個人生目標。在鑑識科學這個領域裡，我沒有為自己設下任何界線或是預留退路，不管是唸書、做研究、教學、從事第一線的採證工作、成立鑑識實驗室等，我都全力以赴去做。

工作即生活

熟悉我的人都知道，我每天只需要睡四個小時，其餘的時間不是在鑑識實驗室裡、勘查現場工作，就是在授課、演講。我的工作行程相當忙碌，常常要一腦三用、同時開好幾個會議，或是得趁著搭車的空檔時間審視案件，並且接受案件簡報或媒體採訪。面對這種日理萬機、充滿壓力的生活，我卻一年如一日地樂在其中，絲毫不覺得辛苦，原因何在？因為鑑識工作是我的最愛，也是我早已立定的人生志向，人生的夢想。

工作的目的不只是賺錢餬口而已，它理應是生活的一部分；如果這份工作與自己的志趣相符、是你真心所喜愛的，那麼，你不但會樂在其中，不知不覺的，也會比別人花更多時間和精力在上面。我每天花那麼多時間在鑑識科學工作上，就是因為它充滿了挑戰性，讓我從中獲得更多的知識與成就感。

我每天的工作行程排得滿滿的，晚上回到家只要一爬上床，腦袋碰到枕頭就立刻呼呼大睡，從來不會有失眠的問題。由於平日工作繁忙，所以我只要一有休息時間就會覺得格外悠哉，也更珍惜難得的休閒時光；比如說百忙當中偷空與朋友喝杯茶，好好享受這一杯茶所帶來的愉悅心情。

或許很多人會覺得我是個「工作狂」，花太多的時間在工作上，沒有休閒娛樂，不懂得生活情趣，其實對我來說，從工作中發掘樂趣，也是一種生活藝術。這世上的行業成千上萬種，每個行業一定都有它的樂趣存在，如果我們無法從自己所從事的工作裡找到樂趣，那每天光想著要去上班，替別人或老闆做事，就會覺得痛苦萬分。

我每天工作十幾個小時，幾乎不會特意安排時間去玩樂，所以很多人問我，是怎麼處理那麼多工作上排山倒海而來的壓力？其實很簡單，就是從工作和生活圈裡尋找樂趣。像我平常會在工作的空檔裡，觀察一些有趣的細節，藉此娛樂自己，也娛樂大家。每天上班是為自己做事，為社會做事，那就愉快多了！

舉個例子來說，我每天下班回到家，都會幫太太倒垃圾，我常趁著這個時候看看垃圾桶裡面裝了哪些垃圾，藉此推論一下太太今天在家中的活動，做了哪些事情、去了哪裡；週末在家洗車時，我也會觀察車子上的刮痕或是卡在輪胎縫隙間的雜草、泥沙，看看這輛車被開去了哪裡、是誰開走的……

我太太常因此抱怨我的職業病太嚴重了，所有大小事情都逃不過我的眼睛！但對我來說，這樣的觀察非常有意思，也帶給我很多樂趣。

真正的生活大師，不會在工作與休閒之間畫上涇渭分明的界線；認真工作其實就是一種用心生活的態度。

每天做一點，聚沙成塔

算一算，我在美國、臺灣、大陸、歐洲共出了將近四十本書，有英文、也有中文書，我的故事還被美國電視台相中，製作為節目，我本人也主演三十六集探案實錄。

有人問：「李博士，你每天事情這麼多、行程這麼滿，哪有時間坐在書桌前好好地寫完一本書？」

老實說，寫書這件事並不太難。我並不是個天才，天才完成一本書，或許只需要十天、半個月；我說的不難，指的是每天只要寫一頁，一年三百六十五天就有三百六十五頁，閏年的時候還會再多一頁，一天寫一頁，一點都不難吧？

每次經過書店，看到自己的書在書架上展示，那種莫大的成就感是無法用言語形容的。尤其對一個母語不是英語的人來說，能出版這麼多本用英文撰寫的書，甚至還有國會議員、世界名人排隊拿著書請我簽名，真的是相當難得的經驗。

除了寫文章，我也喜歡看書，即使每天工作忙到很晚才回家，吃完飯、洗完澡之後，我還是會看書，即便只讀一頁也好。大家算算看，這十年下來，不就讀了三千六百五十頁？每天日積月累，就可以學到很多知識。同樣的，學外語、練書法或者是打籃球也是如此，只要不斷地學習，持續進步一些些，就可以讓自己的實力倍增。

我平常很少做什麼休閒活動，幾年前我開始打高爾夫球，身邊的同事、朋友紛紛調侃我說：「李博士，你之前當廳長的時候不是還寫過手喻，嚴禁全州的高級警官下午去打高爾夫球，怎麼現在卻開始打起小白球？」

一開始學高爾夫球，是為了配合我太太。她原本是名體育健將，自從輕微中風兩次後，醫生說不能做太激烈的運動，高爾夫球正好適合她，我就陪著她一起打。當然，高爾夫球這種運動不會過於激烈，很適合我們兩人現在的年紀，而且在球場上還可以聊聊天。

除此之外，在球場上打球的時候，不但能一邊思考，還能一邊跟要與我討論案件的人員開會。我也常跟別人說：「高爾夫球飛到樹林裡不見了，我還可以訓練自己的觀察力，把球給找回來！」所以每次我打完球後，總是撿了一大包回來，因為樹林裡所有的小白球都被我給找出來了。

做個受人尊敬的人

我這一生中做了不少工作，從第一線的警察、實驗室化驗員、餐廳的侍者、電影電視演員、大學教授、鑑識專家到警政廳長，角色從兒子、丈夫、爸爸、祖父到朋友，無論做什麼工作，我都盡自己的力量，把工作做到最好。此外，我也秉持著同理心，試著從別人的角度去想事情，體諒別人，並且抱持客觀中立的立場，不受威脅利誘；唯有如此，才能贏得別人發自內心的尊敬。

許多有權有錢的人常常自豪於自己的社會地位高，受人尊崇，然而他們卻從未想過，一旦失去權勢或是破產了，是不是仍然可以留住這些掌聲？我必須說，靠權勢和錢財得來的尊重是假的、短暫的，唯有以自己的做人處世態度贏得他人的尊敬才是永恆的。

所以，與人相處時，千萬不要以金錢作為衡量的準則，朋友之間的關係也絕對不能建立在利益之上，而是要發自誠心、信守承諾、正義行事。

我們每天無論是工作或學習，都需要接觸各式各樣的人，例如辦公室裡的老闆、同事或客戶，學校裡的老師、同學，要如何與他人溝通，和睦相處，是一大課題。

在職場上，一起工作的夥伴們都很尊敬我，可是我並沒有給他們升遷與加薪。來美國這麼久了，我發現美國人是這樣的，一旦贏得他們的尊敬，即使彼此抱持著不同觀點和立場也可以坦然溝通，做起事來也就更順利。

就算你今天不是擔任主管的工作，也應該盡力做一個讓人尊敬的人。

我在擔任警政廳廳長時，告訴所有的下屬，「一定要贏得人民的敬重，如此一來，人民才會信任你，進而打從內心地服從你！」

舉個例子來說，我不會把開罰單這件事當成業績來看，而是告訴我的巡警們，「不要輕易開罰單！」當遇到那些超速的車輛時，不必急著展現警察的威權，馬上開單，而是要先好好地勸導這些駕駛人，「超速非常危險，為了家人、親友，一定要把自己與別人的安全擺第一。」否則，動不動就擺個臭臉，開上幾百塊的罰單，換作是自己，一定也會不舒服。

我也常對警察學生說，外界常常認為，警察是在維持治安，保護人民。但事實上，警察的本質是在維護政權，在哪裡都一樣，只是程度的差別而已。警察要受人尊敬，就必須認識到這一點，並且在作為執政者的工具之餘，儘可能地去維護正義。如果忘記這一點，警察工作就失去了價值。在有些地方，像是有些亞洲或是非洲國家，警察完全淪為執政者的工具就墮落了。

沒有權力，就不會腐敗；警察之所以會腐敗，往往是導因於權力太大。美國的警察沒有腐敗的問題，不是因為他們比較正直，而是因為美國警察沒有權力。如果警察開一張罰單，民眾可以塞一張鈔票，那就有腐敗的可能。

現在美國很多地方，警察罰單一開，立刻電腦連線，警察當場也無權修改。有些地區，警察甚至連開罰單的權力都沒有，而是交由其他交通管理人員負責。

我的座右銘

多年前，我收到美國緬因州警政廳長的邀請，希望我能協助面試申請該州鑑識實驗室主任的候選人，我立刻一口答應。不料，口試前一天，美東地區颳起了大風雪，地上的雪積了四、五呎那麼厚，不少主要道路都已經封鎖、無法通行。我太太見狀，便勸我不要去了，況且風雪這麼大，那些應徵者應該也不會出席。

我認為答應對方的事情就一定要做到，不能任意反悔，所以那天特別提早出門，原本只要五、六個小時的車程，結果花了十多個小時才到，抵達時剛好趕上早上九點的面試。當我踏進口試的會場時，緬因州警政廳長跟其他的主考官都嚇了一跳！他們以為遠在康州的我應該不會冒著天氣惡劣的暴風雪前來，沒想到我卻準時出現。

不過，那天風雪實在太大，我們等到下午，只有一名應徵者匆匆忙忙地趕到，他也是花了一天時間，因為道路封閉、交通阻塞的關係，延遲抵達。這名應徵者的資歷雖然不是所有人當中最好的，但是他信守承諾，不辭辛勞地開了一天一夜的車子前來面試，光是這樣的精神就相當令人敬佩，我相信他以後無論碰到任何困難，一定都會努力克服，因此建議可以考慮錄用他，最後他果然被錄取。由於他的工作認真努力，緬因州鑑識中心也順利成立。

到過我辦公室的人一定會發現，我的座位後方掛著一幅多年前參加講座，主辦單位所設計的海報。我珍藏它的原因並不是海報裡的我特別帥氣好看，而是上面的一句話引起我極大的共鳴，也是我終身奉行不渝的座右銘——「至誠信義，此乃華人處世之本」。

我從事警政與鑑識工作將近半個世紀，一路走來，歷經了無數的艱難和考驗，但我始終以「至誠信義」這四個字期許自己，做事情要言而有信，待人則要以誠相待。

雖然我這一生獲頒了許多榮譽博士學位，包括文學博士、理學、法學、商學及工學博士，往往一場演說講完後，就拿到一個榮譽學位；但大家或許不知道，我的第一個博士學位，是在家裡領取的。

當時我好不容易半工半讀地完成博士的學業，卻沒有多餘的錢支付參加畢業典禮的費用。於是，我自己在家裡客廳穿上了博士服，女兒還拿出她的長頸鹿玩偶當作見證人，幫我拍了張照片，當作紀念。

有一次印度建國紀念，頒發了最高榮譽獎給我，獎狀是一張薄薄的紙，看起來不是那麼體面；旁邊一位與我一起領獎的得獎者，滿臉失望。他看到我一臉笑嘻嘻的樣子，便問我：「收到這樣的一張獎狀，你不覺得寒酸嗎？」

我告訴他：「對我來說，金牌、銀牌跟紙牌獎狀都一樣，重要的是自己對於這個世界、對於他人做了哪些貢獻，成就了哪些事情！至於拿的是金牌、銀牌還是紙牌，一點都沒有差別！」

雖然我現在的生活不虞匱乏，與太太仍然過著簡樸的生活，不穿戴任何名牌行頭。我們不亂花錢也不賭博，但只要遇上有人需要幫助時，絕對傾全力相助。我在世界各地都設立了獎學金，提供給表現優異的鑑識人員或學生，到我位於康州的研究中心進修的機會。

俗話說，「施比受更有福」，我從幫助他人的過程當中確實體驗到這句話的真諦。在付出及給予的過程中，也帶給我莫大的快樂。

迎向未來

自公職退休之後，我繞了地球十幾圈，講了上千場的演講，除了將鑑識科學發揚光大之外，我還希望可以將我的理念，傳達給社會各個階層，上至國家元首、政府官員，下至中、小學生。

從二十多年前開始，我每年都會安排到全美各地的中學演講，從最早一年四所學校，到現在已增加為十八所中學。我很喜歡跟這些年輕人接觸，他們朝氣蓬勃，對未來滿懷理想，對新事物也充滿好奇，學習力就像海綿一般，吸力超強。

然而，近年來各國青少年犯罪比例不斷攀升，令人憂心。校園霸凌、幫派、毒品、色情風氣充斥在校園裡，甚至愈來愈多年輕人帶槍枝刀械到學校、公眾場合，把師長、同學以及路人當成砍殺的對象。

青少年犯罪率急速增加的原因涵蓋各個層面，包括家庭、學校、社會或是媒體，但我覺得其中很重要的一個因素是，他們生活中缺乏可以學習的對象。

隨著「CSI」這類犯罪、鑑識科學影集大受歡迎，許多青少年紛紛立志要成為鑑識人員，而我也成了他們的 Role Model（榜樣）。當 Role Model 其實是件不容易的事情，一舉一動都必須樹立良好典範，我期望能盡自己的微薄之力，多與青少年交流，分享自己的成長經驗，並且告訴他們：「在人生中，運氣固然重要，堅持理想更重要！」千萬不要因為現實環境問題而輕易地否定自己、自暴自棄，走向吸毒、酗酒、打架、加入黑社會組織的道路；相反地，在困境中更要力爭上游，努力開創屬於自己的未來。

我的一雙兒女並沒有繼承我的衣缽，他們現在一個是銀行的副總裁、一個是牙醫師，在各自的專業領域裡都擁有一片天。不過只要談到鑑識工作，他們都異口同聲地說，其他行業再怎麼辛苦也沒有比做鑑識工作辛苦。

從小到大，他們就看到我每天為了工作忙到很晚才回家，常常半夜睡到一半，只要接到電話就得立刻出門去刑案現場採證、看屍體，無論颱風、下雪或是淹大水都是如此。

鑑識科學是一個經常處在高壓狀態、需要意志力才能維持下去的工作，但也是一個迷人的行業。它就像一個拼圖一樣，充滿了未知的挑戰。因為這份工作，我走遍世界，見過許多國家的元首、宗教領袖、政客、企業家以及億萬富翁。我曾經在落後的非洲看到一堆死屍被棄置在水溝邊，人命看起來一文不值。我也見聞世界上最有錢的富豪，吃香喝辣、出入奢華，可是一旦去世的時候，他們的子女、家人為了爭奪遺產，不惜口出惡言，甚至還雇用殺手進行暗殺行動。

從事鑑識工作讓我常有機會近距離接觸死亡，我的一生當中也有好幾次與死神擦身而過的經驗，這讓我看待生死相當豁達，並且希望自己能在有限的一生之中，努力貢獻出自己的心力，造福人群。

不久之前，我到中國東北訪問，登上了心中嚮往已久的長白山。那天天氣相當惡劣，狂風暴雨迎面而來，而且山路陡峭，同行的友人都勸我放棄，但我認為難得造訪，所以堅持要爬上去。走到一半時，同伴為了我的體力著想，再次勸我回頭，但我還是繼續前進。

到了三分之二的山路，其他的夥伴已經漸漸落後，只有一人跟上我的腳步。

他說，差不多可以回頭了。

我也有點累了，但還是告訴他，一定要咬緊牙關，完成目標。

終於，我爬到了山頂。

到了長白山頂，一片霧茫茫。其實，我在攻頂之前，朋友就已經提醒我，長白山頂景色變化莫測，有時大霧一起，難以見到它的真面目。

我在山頂稍作喘息，突然之間，天氣放晴，太陽照射下來，穿透了雲霧……此時，我看見了天池，長白山最美麗的風景。那樣的景色轉眼即逝，跟在我後面的人，遲了幾步上來，便看不到了。

此刻我的心情百感交集……從親眼看到，成為內心的感動，最後變成永存腦海的美好記憶，這就是人生；假如人生沒有經歷一連串的挑戰和痛苦，那麼人生也就沒有成功與甜蜜的滋味，可以細細品嘗。

我想，這條登山路就像人生一樣，想要攻頂的話，就必須堅持到底，也需要一些機運。

人生是一條漫長的道路，我今年七十六歲了，還沒有走完它，至於要走多久，我也不知道。從我年輕時候開始，就為了探索更多未知的事物，找尋這世界的真理與正義而勇往直前，留下了無數深刻的腳印。而未來的路，我仍然會抱持初衷，不畏艱難險阻地，一路繼續走下去……

● 每次遇到困難和挑戰時，我絕不輕易說「不」。我相信只要比別人更認真，付出更多的努力，就一定能克服萬難，嘗到成功的甜美果實。

● 靠權勢和錢財得來的尊重是假的、短暫的，唯有以自己的做人處世態度贏得他人的尊敬才是永恆的。

● 在人生中，運氣固然重要，堅持理想更重要！千萬不要因為現實環境問題而輕易地否定自己、自暴自棄；相反地，在困境中更要力爭上游，努力開創屬於自己的未來。

● 我從事警政與鑑識工作將近半個世紀，一路走來，歷經了無數的艱難和考驗，但我始終以「至誠信義」這四個字期許自己，做事情要言而有信，待人則要以誠相待。

● 人生就像登山路一樣，想要攻頂的話，就必須堅持到底。

國家圖書館出版品預行編目資料

化不可能為可能：李昌鈺的鑑識人生 / 李昌鈺 著；
-- 初版. -- 臺北市：平安, 2014.12
面；公分. --（平安叢書；第 458 種）(FORWARD
;42）
ISBN 978-957-803-937-7（平裝）

1. 李昌鈺 2. 傳記

785.28 103022252

平安叢書第 458 種
FORWARD42

化不可能爲可能
李昌鈺的鑑識人生

作　　者—李昌鈺
發 行 人—平雲
出版發行—平安文化有限公司
台北市敦化北路 120 巷 50 號
電話◎ 02-27168888
郵撥帳號◎ 18420815 號
皇冠出版社（香港）有限公司
香港銅鑼灣道 180 號百樂商業中心
19 字樓 1903 室
電話◎ 2529-1778　傳真◎ 2527-0904
總 編 輯—許婷婷
美術設計—王瓊瑤
著作完成日期— 2014 年 9 月
初版一刷日期— 2014 年 12 月
初版八刷日期— 2023 年 2 月
法律顧問—王惠光律師

讀者服務傳真專線◎ 02-27150507
電腦編號◎ 401042
ISBN ◎ 978-957-803-937-7
Printed in Taiwan
本書定價◎新台幣 280 元 / 港幣 93 元